あのときの流行と「美しいキモノ」

富澤輝実子

文藝春秋企画出版部

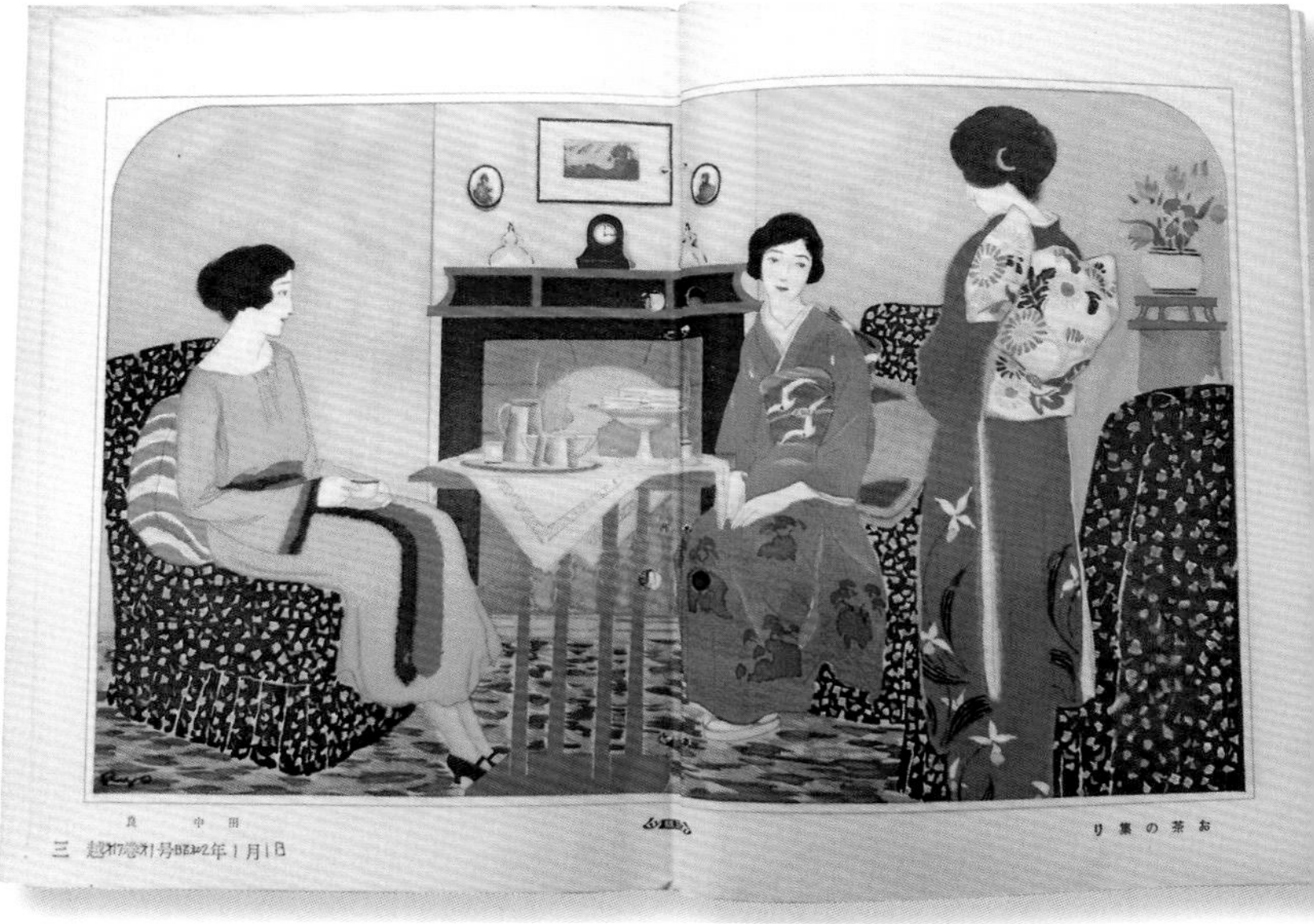

応接室で語り合うティータイムの絵
（『三越』昭和2年1月号　株式会社三越伊勢丹　提供）⇒P.83

本文で解説した各きものアイテムのなかで、
カラー図版でご紹介したほうがイメージしやすいものを選んで
口絵に掲載してみました。
きもの類は筆者手持ちのものですので玉石混交ですが、
それぞれの特徴はつかんでいただけることと思います。

黒羽織⇒P.25

金銀糸の縫い取りで
御所車と波の
模様を織り出した
絵羽羽織です。

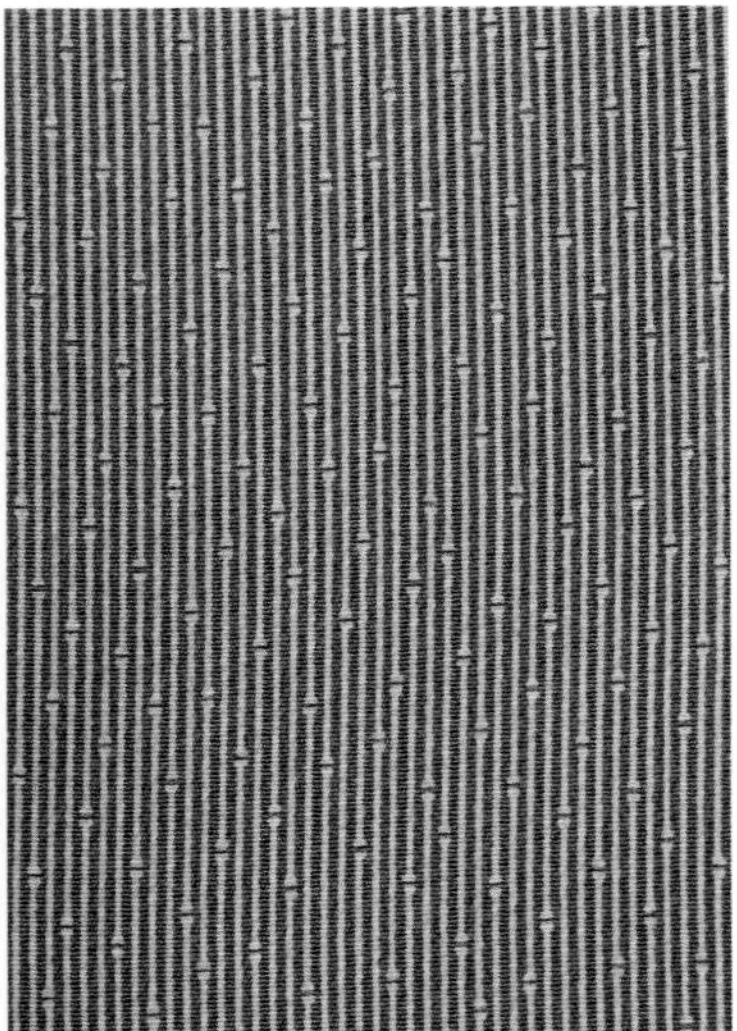

江戸小紋⇒P.47

明石縮⇒P.39

縞⇒P.54

志村ふくみ先生のごく初期の紬作品。銀座での作品展に筆者が着て伺ったところ、
「まあ、懐かしい」とおっしゃりながら近寄って来られ、
その時締めていた「帯屋捨松」の帯との組み合わせをほめて下さった思い出の縞紬です。

訪問着と袋帯

⇒P.76、82

波に花筏模様の
「千總」の訪問着に、
毘沙門亀甲を背景に
尾長鳥の丸を織り出した
「川島織物」の
本袋帯を合わせた盛装。
帯〆は「道明」の
三井寺を合わせています。

絞り（絹）

⇒P.94

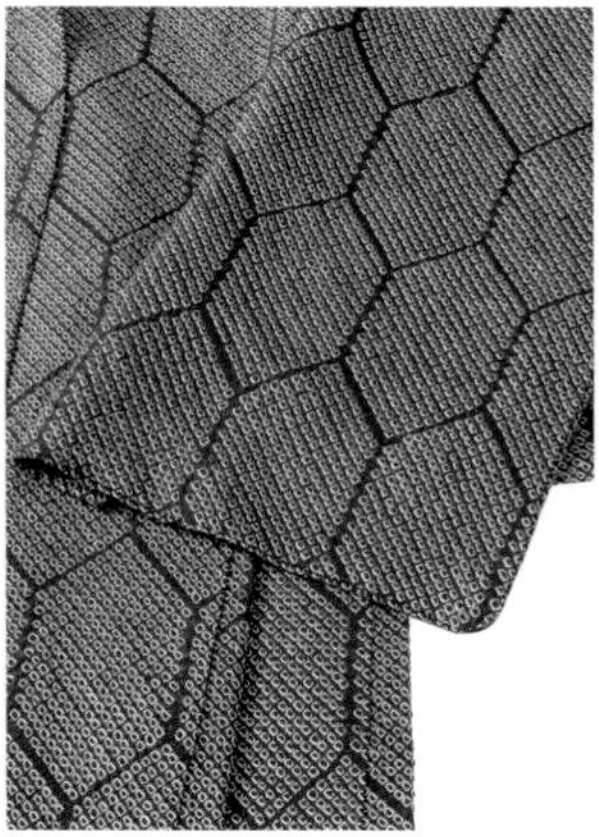

絞り（木綿）

⇒P.94

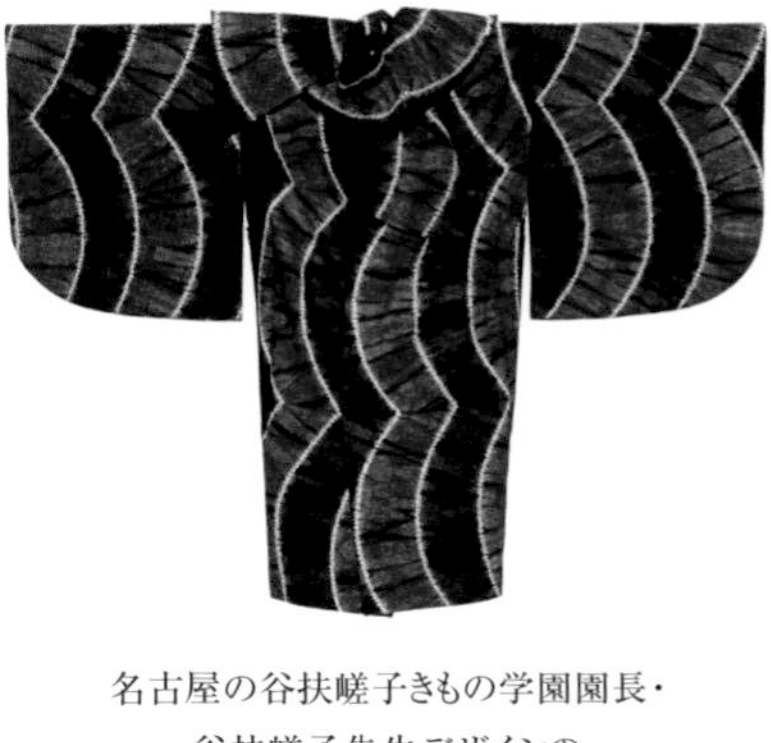

名古屋の谷扶嵯子きもの学園園長・
谷扶嵯子先生デザインの
藍染絞りのコートです。
針目の白と冴えた
藍の色がまぶしいほどです。

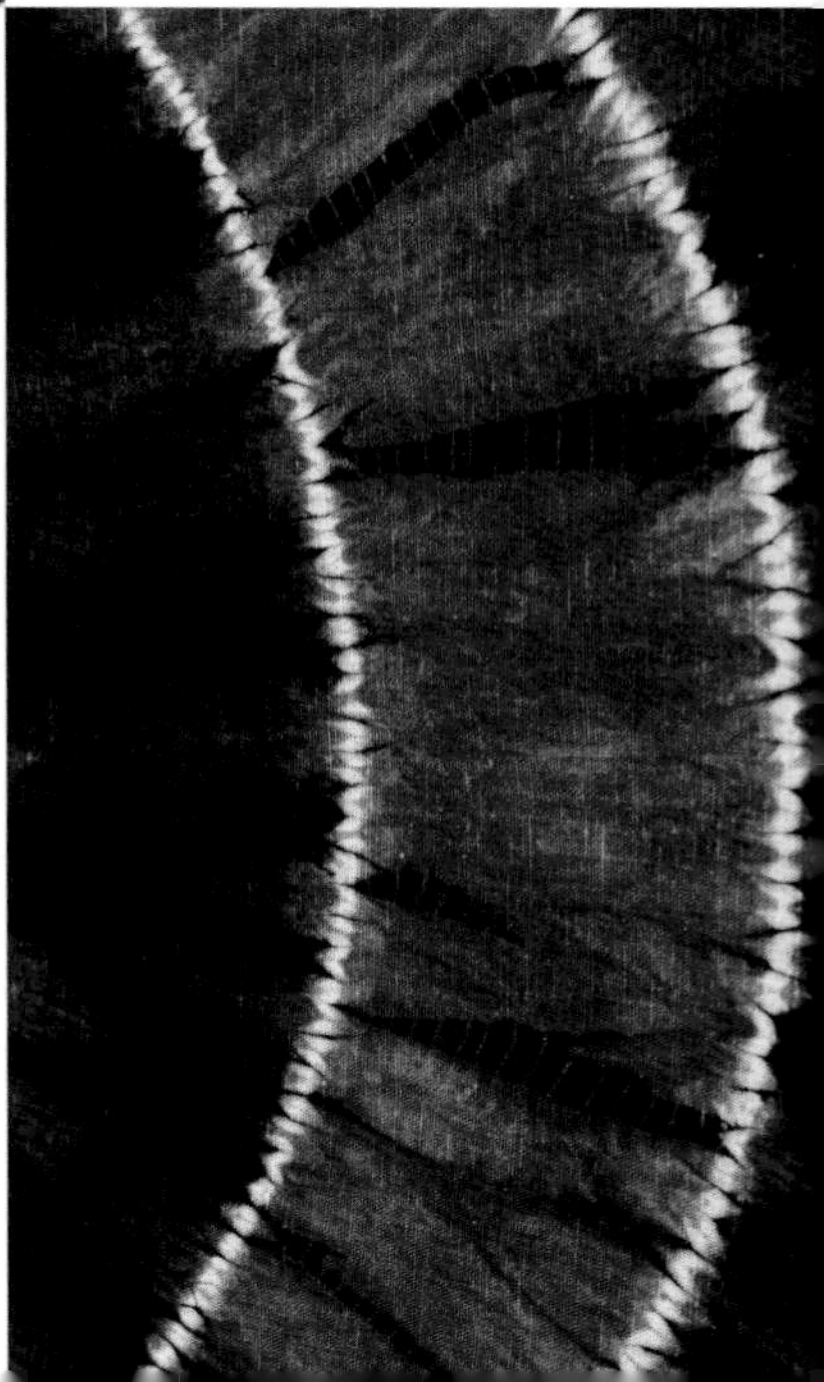

御召⇒P.100

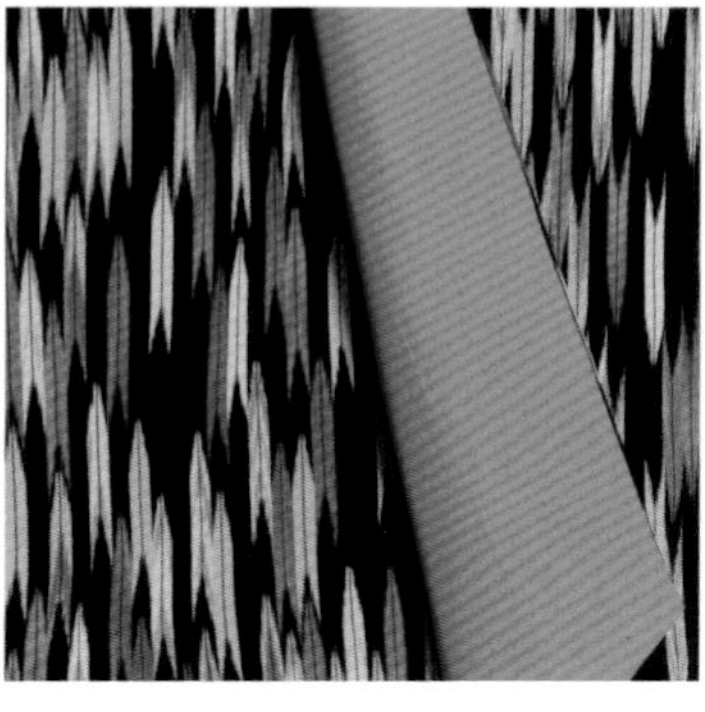

黒地に細く
カラフルな矢絣が
全体に織り出されている
西陣御召です。
筆者が婦人画報社に
入社して初めて求めた
絹織物。
裏地の朱赤は
10代〜20代に
ふさわしい色です。

（お出掛けコーディネイト）

（カジュアルコーディネイト）

中形ゆかた⇒P.105

左は正藍染めの長板中形で
絵羽模様のいわゆる高級ゆかた。
八王子の老舗工房「野口染物店」の作。
「竺仙」で求めました。
右の波に千鳥模様は綿紅梅、鉄仙模様は地白中形。

黒留袖

⇒P.129

波に橘模様の
黒留袖です。
長男の結婚式のおりに
「髙島屋」で求めました。

和服の宝飾品

⇒P.135

つまみ細工作家・
三浦和枝先生の
帯留作品です。
左は「乱菊」、
右は「月とうさぎ」。
一般的なつまみ細工とは
異なり、迫力ある
アートな作風が特徴です。

はじめに

娘時代から茶の湯の稽古をしておりましたし、学校で学びもしましたから きものはなじみ深いものでしたが、老舗出版社に就職し、きもの専門誌に配属されてから本当のきものの道に踏み込むことになりました。毎号きものと帯を合わせて数百点も取材し、編集部に集まるとテーマに合わせてコーディネートし、カメラマンをはじめ女優さんやモデルさん、ヘア・メイクさん、着付け師さんなどのキャスティングをし、撮影場所と弁当の手配までして撮影当日のお天気を神に祈った日々を思い出します。

その後、日常自然にきものを着て、着る側の視点から企画を立てたい一心で、子育て中にお休みしていた茶の湯の稽古を再開しました。毎週稽古場に集《つど》う数十人の奥様・お嬢様方のきもの姿は実に素晴らしく、季節と着こなしの実際を学ぶのに大変役立ちました。例えば、四月末の大型連休に開かれるお茶会では、本来ならば袷《あわせ》の季節ですが、陽気によって単衣《ひとえ》、あるいは紗《しゃ》合わせなどをお召しになる方もあり、着こなしは多様でした。きもののキャリアを積んだ方ほど着用季節に縛られていないことを知りました。

また、食事会の際はレストランの場所や格、お集りのメンバーを考えて装いを組み立てたり、美術鑑賞、観劇の際などには、会場と演目やテーマを考えながら装うことを学びました。そうするとご一緒の方との話題も膨らみ、より楽しいのです。

きものでお出掛けしますと時折同年配の方から「私も以前はよくきもの着ましたのよ、今は帯が結びにくくて洋服ばっかりに……」などとお声を掛けられます。ことに夏のきもの姿は印象深いらしく、「透けるきものは涼しそうですね」などと言われますと、褒められたと勘違いして、ひとしきりきもの談議（？）をいたします。きものの世界には「夏姿」というゆかしい言葉があります。春姿、秋姿、冬姿とも言いませんので、夏のきもの姿は格別の日本の美を表すものなのでしょう。

お正月やお花見の季節などが多いかと思いますが、きもの姿の方がレストランやカフェに入るとき、周囲のお客様の視線がいっせいに注がれます。食事中もちらちらっと目を移して、気のせいか少し幸せそうな表情をされます。それをはたから見ていると、「きものは自分のためだけでなく、周りの方を幸せな気分にしてくれる力があるんだわ」と嬉しくなるのです。

思い返しますと編集者の仕事の内容は幅広いものでした。シーズン最新作のきものや帯を紹介する場合はその装いのTPOを考えて、ふさわしい場面、髪形、持ち物、ポーズで撮影します。同時にきものや帯の特徴を手と目で覚えます。産地取材や人物取材もたくさんいたしました。染織産地で実際の現場を取材することで、よりきものへの愛着が深まりましたし、きものに詳しい文化人の先生方にも原稿をいただきながら様々な教えを受けたことは有難いことでした。

そしてどのきものアイテムにもそれぞれ思わず引き込まれるほど魅力的なルーツがあり最盛期があったことも知りました。現在はひっそりとしている産地であっても、たゆまない改革と努力の尊い歴史があったのです。さらに、歴史上の人物との興味深いエピソードもたくさん詰め込みました。

ここに二十五編の物語にまとめることができましたので、お読みいただけると嬉しゅうございます。

富澤輝実子

あのときの流行と「美しいキモノ」

目次

造本装幀　岡　孝治＋森　繭

写真・図版
カバー表　榊原蕉園「春装」（『婦人画報』明治44年1月号　ハースト婦人画報社　提供）
カバー裏　国立国会図書館デジタルアーカイブコレクション
口絵　升谷玲子 撮影

あのときの流行と「美しいキモノ」

1 オリンピックの白い振袖

昭和三十九（一九六四）年十月十日、新宿区霞ヶ丘の国立競技場において、昭和天皇の厳かな開会宣言「第十八回近代オリンピアードを祝い、ここに、オリンピック東京大会の開会を、宣言します」で幕が開かれた「東京オリンピック」。世紀の祭典といわれるように、十月二十四日の閉会までのおよそ二週間に行われた競技は二十競技・百六十三種目。体操競技の鉄棒種目で無敵といわれた小野喬選手の宣誓、聖火最終走者の坂井義則さんが長い階段を駆け上がり聖火台に点火した瞬間の沸き上がる歓声、亀倉雄策さんデザインのポスター、真っ赤な日の丸の下に金の五輪と1964の文字を鮮明に思い出す方も多いことでしょう。宣誓をした小野選手は「鬼に金棒、小野に鉄棒」と称えられた名選手（東京オリンピックでは体操男子団体金メダル）、奥様の小野清子さんも体操女子団体の銅メダリストで後に参議院議員として活躍されました。体操といえば、エレガンスビューティなチェコスロバキアのベラ・チャスラフスカ選手と、クールビューティなソ連のラリサ・ラチニナ選手との対決は当時の国際情勢ともからんで緊張感あふれるものでした。陸上競技最終

昭和39年の東京オリンピックで

フェンシング競技のエペで金メダルを獲得したグリゴリー・クリス選手とコンパニオンのお嬢様。右の方は白地に大胆なアラベスク模様の大振袖に豪華な錦織の袋帯でふくら雀。総絞りの帯あげに丸組の帯〆で髪には羽根飾り。腰には抱え帯も締めています。左側のお二方も豪華さに圧倒されるみごとなこしらえです。

 写真 TopFoto／アフロ

日の男子マラソンで、エチオピアのアベベ・ビキラ選手がゴール後に疲れた様子も見せず整理体操を始めたのには仰天しました。二位で国立競技場に入ってきた円谷幸吉選手がイギリスのベイジル・ヒートリー選手に追い抜かれそうになり、日本中が息をつめて手を握りしめ、「円谷選手と一緒に走った」という思いを共有した大会でした。思い出すときりがありませんので、振袖の話に入ります。

日本中が白地振袖を見た「皇太子ご成婚」報道

東京オリンピックの六年前、昭和三十三年十一月に、当時皇太子でいらした上皇陛下の「婚約内定」の新聞発表がありました。「お相手は正田美智子さん」と大きく記された号外が出され、日本中が沸き立ちました。同時にそこに掲載された美智子様の白地花束模様の振袖姿に女性たちは目を見張ったのです。聡明で明るく清潔感に満ちた様子、気品高い白地振袖の着姿に「日本にもこんな上流階級のお嬢様がいらしたのか」と驚きをもったという著名な女性作家の一文を読んだことがあります。新聞では色は分かりませんでしたが、当時絶好調だった四大婦人誌（『主婦の友』、『婦人倶楽部』、『婦人生活』、『主婦と生活』）をはじめ、昭和三十二年創刊の『週刊女性』、昭和三十三年創刊の『週刊女性自身』などのグラビア頁では盛んに美智子様の姿がカラー写真で報じられました。昭和三十四年四月十日のご成婚のパレードは六頭立ての馬車から皇太子様と美智子妃が手を振られ、日本中を魅了しました。そして、若い女性が美智子妃のお召し物やアクセサリーの真似をする、いわゆる「ミッチーブーム」は最高潮となったのです。現在でも成人式のお嬢様が掛けている白いストールは材質こそ異なりますがここから始まり、令和になってもなお続くロングラン流行といえるでしょう。

戦前戦後の絹事情

戦前には、よほどの裕福な家庭でない限り、染めのきものを日常着ることはまれでした。多くは、「太物《ふともの》」と呼ばれる木綿、ウール、銘仙など、を日常着としていたのです。御召は高級な日常着でしたし紬《つむぎ》はブームが始まる前でした。戦後になると、戦時中我慢していたおしゃれ熱が沸騰し、まずパーマネントの大流行、しだいに衣料におしゃれが及びます。昭和二十一年、GHQの顧問として日本を訪れたアメリカの絹業団の一員が公開の席上で「日本人には一ポンドの生糸も使わせることはできないだろう」と、アメリカ占領軍の対日絹政策を発表したと『美しいキモノ』創刊時からの執筆者できもの研究家の本吉春三郎さんが記しています(『ファッションと風俗の70年』婦人画報社)。日本の生糸生産量は明治末から昭和の戦前までは世界一で、大半はアメリカに輸出されて絹のストッキングに加工されていました。ところが、昭和十四年にアメリカのデュポン社がナイロンを工業化し、ストッキングがナイロン製になるにつれ、アメリカの絹織物工場の設備はナイロン向けに変わっていったのです。したがって、アメリカの対日絹政策も変更を迫られていました。そして、昭和二十二年、「日本の絹織物の技術保存のため」として凍結されていた生糸一千俵（一俵は六〇kg）が放出されました。生糸の割り当てを受ける業者が選定され、急ぎ作品製作にかかりました。業界の喜びはいかばかりだったでしょう。そして戦後初めての絹のきものができ上がり、展示されたのは東京の「髙島屋」と京都の「大丸」。昭和二十三年夏のことでした。昭和二十四年には絹織物の統制が撤廃され、絹製品は自由に製造・売買ができるようになりました。戦後十年の間に京都で創業した呉服商社（問屋）は百八十二社にのぼり（『室町　その成立と進展』）、それ以前のどの時代よりも多い数字です。昭和二十五年に出現したのが朝鮮戦争特需。一時期景気は回復し、ひと息ついた頃の昭和二十八年、筆者がかつて在籍していたきもの雑誌『美しいキモノ』は創刊されました。創刊号は「一週間で完売し、即座に再販の運びとなった」と先述の本吉さんが述懐してくださったことがあります。

オリンピックコンパニオンの白い中振袖に憧れた世代

昭和三十四年の話に戻ります。ご成婚を機に美智子妃殿下にあこがれる若い女性のきものへの注目が増し、白地訪問着、白地振袖はブームとなり始めていました。昭和三十五年池田勇人内閣の「国民所得倍増計画」の政策とともに、各社従業員の賃金が毎年二桁上昇という、今では夢のような「高度経済成長」へと向かう時代です。企業は生産を拡大、社員の大量採用、女性の社会進出が伸張、消費は「美徳」とばかりに上昇し続けたのです。

戦後生まれが次第に成長し、成人式を迎える頃に行われたのが「東京オリンピック」。そこで来賓の接待や表彰式の補助員としてメダルを運ぶお嬢様が話題となりました。この女性たちは「コンパニオン」と呼ばれ、全員が中振袖姿だったのです。しかも目立ったのは「白地中振袖」でした。コンパニオンに選ばれた方は池田首相の二人のお嬢様をはじめ、政財界の有力メンバーや名家のお嬢様。外国語が堪能で礼儀作法のきちんとした日本人女性の代表として、海外からの賓客をおもてなしする大役が課せられていたのです。写真を見る限りほとんどが白地（と思われる地）に豪華な模様の中振袖に立派な錦織袋帯をふくら雀に結んでいます(13ページの写真は皆さん大振袖)。この中振袖は昭和三十八年頃、「花嫁が着るような大振袖では大仰な上に身動きも制限される」ため、比較的身ごなしがしやすく、「訪問着より華やかな若い女性向けの装い」として現れました。

常陸宮正仁殿下と華子妃のご成婚が昭和三十九年にあり、妃殿下がご成婚後も中振袖をお召しになったことが大きく話題となりました。その頃から中振袖が女性の礼装として認知され、令和になるまで振袖の主流となっています。

「秩父宮記念スポーツ博物館」（現在長期休館中）所蔵の「東京オリンピックで大会コンパニオンがメダルを運ぶ際に着用した振袖」には地色があり、オリンピックにちなむ模様付け、背には金の五輪が繡《ぬ》い紋《もん》で入れられています。東京の「三越」や「髙島屋」などの百貨店が提供したとあります。ところが、13ページの写真のコンパニオン着用の白地振袖のほうは、豪華な模様に変わりはありませんがオリンピックにちなむ模様は見えません。この白地振袖をテレビ中継や新聞・雑誌で見た消費者に白地振袖の火が付きました。このとき、戦後生まれが十代後半、もうじき成人式を迎える年頃に成長していたのです。

ベビーブーム世代の成人式から定着した中振袖

「成人の日」が一月十五日(現在は一月第二月曜)に決められたのは戦後程なくの昭和二十三年ですが、式典として盛大になったのは四十年代。ベビーブーム世代が成人になる頃からです。振袖の生産も昭和四十三年に京都で四十四万七千枚、十日町で十二万三千枚の計五十七万枚(『室町　その成立と進展』より)というのがピークです。昭和四十五年の新成人人口はおよそ二百四十六万人でここが最多。女性は約百二十三万人でそこに向けての生産でした。同年の「大阪万博」を機に一転振袖は多彩色になりますが、それ以降現在まで成人式には多くのお嬢様が振袖を着用。ミッチーブームのときに現れた白いストールの現代版を肩に掛けて、「大和撫子」らしい姿を見せています。

2 明治女学生の銘仙

明治、大正、昭和の戦前を舞台にした演劇やドラマに登場する女学生はたいてい銘仙のきものを通学着にしています。令和三年に数え九十九歳の清水とき先生(清水学園理事長)は「女学生全員が銘仙を着ていたのよ」と当時を振り返って下さいましたが、銘仙は世に流行した織物でした。現在は、気軽な趣味の普段着として愛好家の日常に生かされていますが最盛期に比べることはできないほどの生産数となり、レトロな味わいを楽しむ嗜好品のような存在となりました。銘仙の産地は栃木県の足利、群馬県の伊勢崎と桐生、埼玉県の秩父、東京の八王子が五大産地で、いずれも関東の織物産地。なかでも伊勢崎は銘仙を織り始めることも早く、絣《かすり》に工夫を加えることも早かったため、その頃の時流にうまく乗り、最大産地となっていきました。

今につながる銘仙の創始

現在に続く織物産地はどの地方でも古くから織物はなされ、史書に記述もありますが、

『続日本紀』の和銅七（七一四）年の条に伊勢崎を含む地域から「はじめて絁《ふとり》を調貢《ちょうこう》」したと記されていることが知られています。それは余りに古い話ですので、少し近いところでは、江戸時代文化年間（一八〇四～一八）には、農閑期に「のし糸（製糸工程で出た緒《ちょ》糸《し》を引き伸ばした太い糸で粗悪な糸）、玉糸、伸糸を草根木皮で染めた」自家製の縞織物を伊勢崎市で売っていたと伝えられています。東京国立博物館名誉館員で美術評論家の北村哲郎氏によれば、天明九（一七八九）年の文献にすでに「目専・目千」とあり、現在につながる銘仙の創始にふれています。「銘仙」の呼び名については前段があり、「明治二十一（一八八八）、二年に東京日本橋区南伝馬町に伊勢崎太織の販売店が開店。赤地に白文字で『めいせんや』と染め抜いた旗を立てたのが始まりといい、明治三十年頃に東京の三越で『銘撰《めいせん》』として販売」したとの羽鳥升平氏の回顧談を、昭和六年刊の『伊勢崎織物同業組合史』が伝えています。その文字は「銘々撰定」した優良品を意味していたが、その後、平易な文字使いとして知恵者が「銘仙」としたのであろうと語っています。

明治初年には縞の間に乱絣を入れたものが織られ、明治十三、四年頃から単純な絣からしだいに経緯《たてよこ》とも絣の十字絣、井桁絣の小絣《こがすり》が現れました。ここでいう小絣は越後産地が得意とする蚊絣のような微小な絣とは異なります。明治二十七年頃、括り筬台絣《おさだいかすり》製造法（絵絣のための緯絣を作る方法）の研究が実用化されて、従来の小絣だけでなく大柄の絵絣を多数作ることができるようになりました。その後、明治三十八年頃からは板締め絣が

憧れの存在だった女学生

明治時代、多くの少女は義務教育を終えると働きに出るか家業を手伝っていました。女学校に進学するのは少数の裕福で教育熱心な家庭の子女に限られましたから、整った身なりでハイカラな自転車に乗るような女学生は憧れの存在でした。この絵は銘仙らしききものに袴をはき自転車に乗る活発な女学生の姿が描かれています。

国立国会図書館デジタルアーカイブコレクションより

作られるようになり、絣に格段の進歩が見られました。板締め絣の伝来には逸話が残されています。明治二十二、三年頃、「大和国高市郡八木村の深瀬某という人物が茂呂村の島田某に寄寓し、やがて住人となり、板締め絣の製法を伝授、のち、同村大和氏が道具いっさいを引き継ぐ」（『伊勢崎織物同業組合史』）と伝えられています。当時画期的だった板締め絣は現在、山形県の白鷹《しらたか》御召、東京の村山大島紬に残るくらいの希少な方法となっています。その後、明治四十二年頃から解織《ほぐしおり》の製法が開発され、さらに経絣には解しの技法を用い、緯絣は絵絣の技法で作る、「併用絣《へいようがすり》」を発明するに至ります。大正七年のことでした。解しの技法というのは、まず白い経糸《たていと》を機に掛け、木綿の緯糸《よこいと》をごく粗く織り込んで仮織し、いったん機から外して経糸に絣を捺染し、機に掛け直して、仮織の木綿糸を外しながら無地の緯糸で本織をする方法。併用絣は緯糸が無地ではなく絣糸。この絵緯絣を入れることで華やかで大柄な、まるで友禅のごとく多色で複雑な模様を織りで表せるようになりました。伊勢崎銘仙はこの併用絣の発明によって他産地より飛び抜けた生産が可能になったのです。意外なことですが、大正七年まで伊勢崎では地機《じばた》が用いられていました。明治元年に三千台だった地機は明治四十四年の一万九千四百台をピークにしだいに高機《たかはた》に取って代わられます。高機は明治二十年に三十台しかなかったのですが、大正十二年には三万九千五百台に増えています。そして昭和五年にとうとう、伊勢崎銘仙は年産およそ四百五十六万反という驚異的な生産数を記録しました。

明治後期の女学生の姿

明治時代になると女子教育の場が家庭から学校へと移っていきます。現在のフェリス女学院、女子学院は明治三年、立教女学院は明治十年、白百合学園は明治十四年、東洋英和女学院は明治十七年に創立されましたが、キリスト教の布教活動の一環としての女学校がほとんどです。そうでないのは明治五年に官立の東京女学校（お茶の水女子大学附属中学・高等学校の前身）が早く、民間では当時の教育者・跡見花蹊《かけい》が創立した跡見学校（現・跡見学園）が明治八年からで、こちらは日本人女性のために開かれた歴史ある女学校といえるでしょう。ちなみに現在に続く東京の有名女子大学の前身には、鳩山春子、永井久一郎（荷風の父）らの共同設立による共立女子職業学校（現・共立女子大学）が明治十九年、東京女学館が明治二十一年から、下田歌子による実践女学校（現・実践女子大学）が明治三十二年から、大妻コタカによる大妻技藝学校（現・大妻女子大学）の前身の塾が明治四十一年からとなっています。

明治時代の女学生の絵や写真などを見ますと、御召か銘仙とおぼしき織りのきものを着た女学生がたすき掛けで袴の裾を翻しながら走っている姿があります。髪は桃割れのように結い上げている方と、前髪は結い上げ後ろは垂らしてリボンを結んでいる方もいます。この頃の女学校の服装に伝えられるエピソードがありますのでご紹介します。

乃木将軍と銘仙の発展

日露戦争後、明治天皇の信任厚く学習院院長となった乃木希典（明治の陸軍大将・伯爵）は質実謹厳で知られる人。あるとき、「（学習院女学部）女学生の友禅縮緬（縮緬地に型友禅のきもの）のあまりに華美な装いを苦々しく思い、服装を銘仙以下のきものとするよう決めた」（『ファッションと風俗の70年』中の「〝きもの〟三代の変遷」安田丈一）というのです。銘仙以下というと銘仙と木綿です。当時の銘仙はまだ絣木綿と大差ない地味なものでしたから、華やかな友禅縮緬のきものを着慣れた女学生は地味な縞や絣に満足せず、それならばと銘仙に華やかな模様を求めたのです。ちょうど銘仙の変革期にもあたっていたため、ますます産地では友禅調の銘仙の開発に力が入りました。その華やかな銘仙はたちまち他の女学校にも広まり、世の女性たちにも大流行となった（前掲書）のです。

昭和五年に最高潮だった伊勢崎銘仙は他産地と同様、戦中に自由が利かなくなりますが、戦後、繊維の統制が外れるといっきに復興します。戦後のきものブームとともに大衆織物として生き延び、昭和三十一年度には二百七十万反を生産して注目されています。現在は生産数は激減したとはいえ、新柄を発表して愛好家を喜ばせています。また、埼玉県の秩父銘仙は後継者もあり、思わぬ漫画・アニメの影響で若い女性のあいだで人気が復活し、活況を呈しているようです。

3 入学式の黒羽織

昭和四十年代から五十年代に入学式・卒業式に出席した方は、お母様方がまるで制服のように黒羽織を着ていたことを覚えていることと思います。ここでいう黒羽織は明治時代から用いられている黒い紋付羽織のことではなく、黒地に縫い取りや刺繍、染めで模様を付けた絵羽羽織のことです。この羽織は、日本有数の豪雪地として知られる新潟県の十日町で生まれ、その後およそ二十年間で総計一千百万枚を生産した大ヒット商品でした。

昭和九（一九三四）年、十日町の織元に生まれた吉澤慎一氏が東京の大学を卒業後、郷里に戻ったのが昭和三十二年。その頃十日町の多くの織元がそうであったように吉澤織物でも、ジャカード機を用いて縫い取りの白生地を織っていました。白生地のままだと絹本来の淡い黄色になるため、ほんの少し水色かピンク系に色を付けて出荷していました。あるとき淡く染めた縫い取り縮緬にムラが出て難物となったことから、試しに黒に染めてみたらなかなかのできばえとなりました。試作を、当時「伊勢丹」の安田丈一呉服部長の部下で吉澤織物に仕入れに訪れていた細田壮バイヤーが目に留め、東京で販売したのが、黒羽織が世に出た始まりと言われています。

それに先行して十日町産地では縫い取りに派手なラメ糸を用いた白地の御召が人気を博していました。戦時中から続く絹織物の統制が撤廃された昭和二十四年の翌年「たきぶん」が第一号を製作。そして同年には朝鮮戦争勃発、繊維品の需要拡大とともに景気が好転、織物業界は俄然活気づくことになりました。その後、神武以来空前の好景気（神武景気）と呼ばれるほどの賑わいとなったのです。

先ほどの吉澤氏が黒羽織の品質向上を目指している頃、各社競合する形で、友禅のように華やかな彩りの織物「マジョリカ御召」が開発されました。昭和三十四年のことです。地中海にあるスペイン領・マジョルカ島で作られる陶磁器のカラフルで明るいイメージから名付けられたそうです。名付け親は大塚末子さん（大塚末子きもの学院院長・きものデザイナー）ということが『美しいキモノ』五十号の記念座談会（昭和四十一年）に掲載されています。大塚さんが京都の老舗呉服商「野口」（江戸時代享保十八〈一七三三〉年創業）を訪ねたおり、当主・野口安左衛門さんから新商品を見せてもらい、会話の中で「カラフルで華やかなとこがマジョルカ焼きみたいですね」とおっしゃったところ、「それよろしな〜！」ということになり名前が決まったそうです。それまでの地味な御召とは一線を画すもので、「マジョリカ御召」は大変なブームとなりましたが、他産地の廉価な交織織物が出回るにつれて信用をなくし、わずか四年で波は去ってしまいました。そして「根茂織

昭和47年の小学校入学式当日風景

東京都調布市立野川小学校での入学式風景。校庭に並ぶほぼ全員が黒羽織を着用しています。黒紋付の無地羽織の方と絵羽羽織の方、紋付でない絵羽羽織の方がいます。羽織の下に着ているのは小紋か色無地でしょう。都会でも地方でも小学校の入学式・卒業式をはじめとする学校行事にまるで制服のように着用されました。

 写真 読売新聞／アフロ

物」によって開発された特殊撚糸のマイラー糸（マールヤーン）を用いた黒羽織は丈の短い茶羽織で、やはり東京の小売店の女主人が目に留めたことから販路ができました。その後各社が工夫し、刺繡、絞り、手挿し、型染などを施して黒羽織は充実し、じわじわと愛好されるようになってゆきます。ここで織物産地であった十日町は染めの技術を獲得し、その後の大産地に発展するきっかけをつかむことになりました。この技術革新と消費者の好みに合わせた物作りをするために大きく貢献したことが知られる二人を紹介いたします。

一人は京都の呉服問屋の「市原亀之助商店」の高田義太良《よしたろう》専務。「市原亀之助商店」は昭和四十四年まで会社組織にせず、日本一の個人商店といわれた大店。高田専務は関東織物の担当で足繁く織物産地を訪ねては京都の先進の技術とセンスを産地に指導し続けました。

次は東京の「菱一」（令和元〈二〇一九〉年会社解散）創立者の故桟敷《さじき》正太郎社長。戦前から十日町と縁が深く、東京をはじめ全国の呉服店を通しての消費者の好みを産地に伝えて指導したことが知られています。

黒羽織が式典の装いとして好まれた背景としだいに消えた理由

戦前の女性が羽織を着けずに外出するということはまれで、それはひとつには防寒のためでした。現在のように暖房設備が整っておらず、暖房器具と言えば火鉢が一般的で、部屋の中でもとても寒いのが普通でしたから、脱ぎ着が簡単な羽織は誰もが重宝に着ていたのです。当時の資料など見ると、時折、無地の（黒ではなく）色羽織が登場し、「入学式の付き添いのお母様の装い」と紹介されています。

黒羽織が登場してから式典のお母様の装いとしてブームになる背景には、戦後のベビーブーム世代が次第に学齢に達したうえ、昭和三十五年からの池田勇人内閣が発表した「今後十年で皆さんの所得を倍増させます」という国民所得倍増計画で世の中は好景気に沸き、世帯収入も格段に増えてきたことがあげられます。現在では考えられないことですが、毎年、サラリーマンは一〇％以上の賃上げが続いたのです。しかも、十年もかからず五、六年で所得は倍増したのですから驚異的と言えるでしょう。さらに、黒地ならば手持ちの数少ないきもののどんな色や柄にもマッチしやすく、黒紋付に匹敵する式服感があったことなどが考えられます。27ページの参考写真は昭和四十七年の小学校入学式のものですが、お母様達の服装はほとんどが黒羽織で、校庭が黒で埋め尽くされているのが分かります。下に着ているきものは小紋か色無地で、紋のないきものに紋のない羽織を重ねている方が大半ですが、式服感があります。この年と前年に十日町では、黒羽織をおよそ百万枚ずつ生産しています。さらに二年前の昭和四十五年には百十万枚を生産しており、ここが黒羽織生産のピークです。以降しだいに減少し、昭和五十九年にはわずか八千枚を切るまでになっています。ベビーブーム世代がとうの昔に小学校や中学校を卒業しているのに、昭和四十四年が生産ピークというのはなぜかといいますと、黒羽織の需要は我が子の入学式・卒業式に母親自身が着るだけでなく、適齢期に達した娘の嫁入り支度に入れた「お支度需要」が爆発的なブームを呼び寄せたのです。

その頃、地方では黒羽織は式典だけでなくさまざまなお集まりに重宝されていました。ちなみに、昭和四十五年の新成人人口はおよそ二百四十六万人で、ここがピークです。半分が女性と考えても年に百十万枚の黒羽織生産は、やはり大変な数と言わなければなりません。その頃の名だたる結婚式場は連日連夜婚礼が続くほどで、都心のある式場では一日の婚礼の数が五十組というほど盛況で、広い式場の廊下では大勢の花嫁が介添えの女性に案内されて右に左に動いていたものです。しかも花嫁は文金高島田に角隠しか綿帽子姿で顔を隠しているため、披露宴会場で顔を上げたら花嫁が別の人だったという笑えない話も新聞種になっていました。

これほどまでに愛好された黒羽織ですが昭和六十年以降は着る人はまれとなりました。それは、かつて富裕な一部の方の盛装であった訪問着が一般化し、同時に西陣の高級帯を用いた晴れやかな装いに、帯をかくす黒羽織は不要となったのです。

山間の豪雪地を日本有数の染織産地に導くきっかけに

十日町は新潟県と長野県との国境にあり、交通の便は良いとはいえない山間の土地です。

昔から豪雪が有名で、とても産業の発展する要素に恵まれているとは思われないところです。ですが、染織の歴史は古く、奈良の正倉院に残るほど麻織物は昔からなされていましたし、江戸時代には越後縮（越後上布）、明治からは透綾《すきや》・明石縮《ちぢみ》、大正、昭和の戦前には御召と白生地、そして昔ながらの紬織に小絣の技を工夫して生き延びてきました。爆発的に大流行した黒羽織の生産を通して、苦しみながら友禅の技術を獲得したことで、現在の日本有数の大産地に成長する大きな足がかりをつかむことができたのです。

4 女子の袴と富岡製糸場

古く古墳時代から用いられたことが分かる「褌《はかま》（袴）」は、埴輪に見るように、それはすでに男子の衣服で、女子はスカート形式の「裳《も》」というものを着けています。その後、貴族社会の袿《うちき》様式の装束では女子の袴は欠かせない衣服でしたが、極く上層階級の装束ですから一般には遠い存在でした。武家社会となっても袴は男性を象徴する衣服で、現代でも「紋付羽織袴」といえば、男性の威儀を正した格式の高い装いを表しています。それが、いっきに女子に近づいたのは、明治維新後、近代化を急ぐ日本に女子教育の新たな潮流が現れたときでした。

明治初頭は、女子も男袴を着用していました

明治五（一八七二）年創業の富岡製糸場（ユネスコ世界遺産、国宝）を描いた錦絵「工女勉強之図」を見ると、優れた糸をとる製糸の方法を工女に教える女教師・教婦の姿があります。製糸場に初期に入場した工女が記した記録『富岡日記』（和田英著　筑摩書房）

「富岡製糸場工女勉強之図」

平成26年に世界遺産に登録され、その後国宝にも指定された富岡製糸場は明治5年に設立された製糸の模範工場。明治6年初版のこの錦絵は工場内で教婦（女性教師）が工女達に製糸の技術指導をしている図。無地か縞の木綿のきものに襷をかけ、木綿と見える袴を着けています。明治初めには女性もマチ付きの男袴を用いていました。

富岡市立美術博物館 提供

には「皇后宮、皇太后宮行啓の折りに木綿のきものと小倉縞の袴が支給された」ことが記されています。江戸期から各地で木綿は織られていましたが、袴地の木綿は北九州の小倉が古くからの一大産地で知られていました。錦絵は明治六年初版ですからちょうどその頃描かれたもので、きものは木綿の縞、着けている袴も木綿でしょう。画中の人の姿は、当時の最先端の職業につく女性達です。『富岡日記』からは、明治政府が産業の柱としての恃《たのみ》にした製糸業の最前線で働く、若きエリート女性の心意気も伝わってきます。

富岡製糸場と同年には東京・竹橋に前述した日本初の官立の東京女学校（お茶の水女子大学附属中学・高等学校の前身）が開校されました。ここでは、それまでのように座卓の前に正座をし、講義を聴くのではなく、椅子に腰掛けて授業を受けることが多くなり、きものの前がはだけるのが問題となっていました。ですがそれまで一般の女子に袴を着ける習慣がなかったため、適当な袴が見当たりません。そこで採用されたのが男子学生が通常に用いていた木綿の袴でした。

官立女学校の生徒が男袴を着用している頃、明治八年開校した跡見学校（現・跡見学園）では、当初から紫の「お塾袴」と呼ぶ女袴を着用していたことが分かっています。跡見学校はまだ華族女学校が開かれる前に皇族・華族の子女を多く教育していました。創立者・跡見花蹊は幕末・天保十一（一八四〇）年、大坂で私塾を営む父・重敬のもとに生まれます。幼少より学問に興味をもち、才気あふれる女子であったらしく、四歳で書を習い始め、十二歳で絵画、十七歳で京へ遊学し、一流の師について詩文、書法、絵画を学びました。いずれの門下でも抜群の成績を修め、安政六（一八五九）年、数え二十歳で父の後を継いで教育者の道に入ります。それは父が京の公家・姉小路家に仕えることになり、大坂を離れたためでした。その後、この私塾を京に移し、多くの公家の子女を預かり、教育することになります。明治維新で都が東京に移ったため、花蹊も東京・神田中猿楽町（現千代田区西神田二丁目）に跡見学校を開きます。これが明治八年のこと、キリスト教系以外では私立女学校の嚆矢《こうし》となりました。開校時、公家華族を中心に上流名門の子女八十名余が入学したと記録されていますが、幼児から十代の少女まで年齢幅は広く、ほとんどは寄宿舎で生活し、家庭的な環境で多彩な科目を学びつつ全人教育を受けたのです。科目はまず国語（和歌）、漢籍、算術、習字、裁縫、絵画、挿花、点茶、琴曲などに続き体操も加わりましたので、運動に適した衣服が必要となりました。気品高く教養豊かで実技も備えた健康な女性、知徳をたたえた日本女性の模範とも言うべき女性を育てる内容と分かります。この寄宿舎を「お塾」と呼びました。

お塾袴の紫の色は昭憲皇太后のお言葉から

明治初期の女学生は人数も少なくごく限られた最上流の女性たちでした。跡見学校開校当日の記念写真があります。ここに写る生徒は入学者のなかでも年少者と見られますが、ほとんどは公家華族の姫君。最前列に座る姿には、振袖の膝から袴らしき衣服が見えます。生地は錦とも見える立派な衣装。これはいわば入学式典の装いで、この後、「平常服」の装いが始まります。

平常服の装いは、きものに決まりはありませんでしたが、袴には決まりがありました。それについては花蹊が昭憲皇太后（当時は皇后）にお伺いを立てたときのエピソードが伝えられています。皇后からは袴について「（宮中女官と同じ）緋の袴仕立てで、紫を用いたらよかろう」とのお言葉を賜ったというのです。宮中女官の緋の袴の生地は精好《せいごう》というものですが、ここでは軽くて柔らかく動きやすい利点から、ウールのメリンスが選ばれました。また、明治十八年創立の華族女学校も袴は紫でした。

女子の着ける男袴のその後

男袴のその後はどうなったのでしょう。女学生に限らず女子が男袴を着けることに世間の人は驚くほどの反応を示しました。明治七年からの新聞紙上には投書による批判が相次いだというのです（明治七年郵便報知新聞、明治八年読売新聞）。まだ数が少ない女学生は目立ちましたし、同時に憧れの対象でもあったのです。木綿の男袴を着けた荒々しい姿よりも、淑《しと》やかでエレガントな女性像が求められた時代でもありました。とうとう、明治十六年、政府が女学生の男袴着用を禁止するに至りました。ここでもっぱら批判の対象となったのは前出の東京女学校の女学生たち。少し時代は下りますが、明治三十八年の『婦人画報』に女学生の勇ましい姿を描いた絵画が掲載されています。日本の洋画の草分け的存在の教育者・小山正太郎門下の田内千秋画伯が女学生の富士登山に行き会い、描いたと記してある絵には、袴姿で金剛杖を持ち富士登山をする女学生が活写されています。このように、活発に活動する女学生には袴なくして学校生活は考えられず、欠かせない衣服となったのです。

女学校の普及とともに海老茶色の女袴が全盛になりました

明治三十二年「高等女学校令」が施行され、各道府県（東京も府）一校以上の設置が義務づけられました。これにより女学生の数は格段に増えましたが、それでも、翌年全国で約一万人、さらに二年後でも約二万人です。単純に計算すると各県に数百人ですから、開明的で裕福な家庭のごく限られた子女のものだったといえるでしょう。この頃、女学生の袴は紫から海老茶に変わりつつありました。紫は高貴な色ですから一般が使うことは恐れ多いというわけです。ここで登場する海老茶色は赤みのある紫がかった茶系の色で、下田歌子創立の実践女学校（現・実践女子学園）から始まり、全国に高等女学校が普及するにつれ、海老茶色の袴が女学生のスタイルとして定着します。きものは銘仙一色となってゆきます。銘仙は伊勢崎銘仙が全盛期約四百五十六万反の生産があったのですが、その年、ほかの四産地（足利、桐生、秩父、八王子）を合わせると一千万反以上の生産がありました。とても女学生だけで着られる数ではなく、日本中の若い女性が着るほどの大流行だったのです。

現在の女袴は卒業式の憧れのスタイルとして定着

現在、卒業式などで女袴を誂えて作る方はまれで、たいていが合成繊維の貸衣装を利用しています。色も模様も豊富でサイズも揃っているため、女学生は好みの色柄を選んで、ぴったりのサイズを借りて、その日一日、明治の女学生に似た衣装とヘアスタイルにして注目の的となっているようです。筆者はそれを見るのが楽しみで卒業式シーズンを心待ちにしています。なかには編み上げ靴を合わせる方もあって、若く溌剌とした姿は好ましいものです。

5 明石縮《ちぢみ》の三百五十年

現在、夏のエレガンス・カジュアルなおしゃれ着として、多くの愛好家の支持を受ける明石縮ですが、昭和の戦後およそ三十年間はほとんど生産されませんでした。大正から昭和の戦前に全盛を迎えた明石縮が戦後にはぱたりと生産が途絶えたのです。

播州明石に生まれ、各地で織られた江戸から明治期

明石縮はその名のとおり生まれは播州（現在の兵庫県）明石で、『明石市史』によると発生の起源については時期を隔てて二説あることが記されています。ひとつは江戸時代初期、信州松本城主から明石城初代城主となった小笠原忠政《ただまさ》（後に忠真《ただざね》）の時代、在位元和三（一六一七）年～寛永九（一六三二）年に船大工の娘・お菊は父の挽く鉋《かんな》屑のちぢれた様子から緯糸《よこいと》を縮らせて織ることを思いつき、苦心の末に縮織物を作り上げたが、その後、城主・小笠原氏が北九州の小倉城主に国替えとなったため、小倉城下に縮織の技術が伝えられ、長く小倉の名産として知られていた、という説。もうひとつは、その後三十年以上

経ってからの明石で時の城主・松平信之の家臣・堀将俊《ほりまさとし》が縮織を完成させたというものです。幕末の儒学者・橋本海関《かいかん》が著した『明石名勝古事談』にも詳しく記されていますが、堀将俊は武士でありながら織物の心得があり、縮織を工夫していたようで、より上質の縮を作るためには雪が必要と考え（麻の白さを得るためであろうか。筆者註）、雪国の越後に家族で転居し、その地で完成させて縮織を広めた、という説です。

初めの説のその後は、江戸時代延享三（一七四六）年刊の書物『本朝俗諺志《ほんちょうぞくげんし》』の中に次のように見られます。「明石縮は豊後国小倉の名産にして……」、小倉木綿、小倉縞のように、産地名を付けて本来「小倉縮」と呼ぶべきなのに、なぜ「明石縮」と呼んでいるのかの訳が記されています。「小倉縮」は現在、産業としての生産はされていませんが、江戸時代の名産の誉れを引き継ぎ、明治・大正・昭和の戦前までは生産されていました。昭和十五（一九四〇）年刊の『大日本織物二千六百年史』には、「栄島、神田二工場のみが」生産を続けている様子が記されています。北九州市立自然史・歴史博物館所蔵の資料には江戸時代「文政前の標本」、「小倉ちぢみ初期の苧ちぢみ」と記された生地見本が残されています。小倉には日本工芸会で活躍する築城則子氏がおられて、木綿の「小倉織」を復元し、その後「小倉縮」も復元。北九州市立自然史・歴史博物館でも小倉縮の調査が始まっていると聞きます。

また、江戸時代、各地の産物を紹介している『万金産業袋《ばんきんすぎわいぶくろ》』には、明石縮が播州明石か

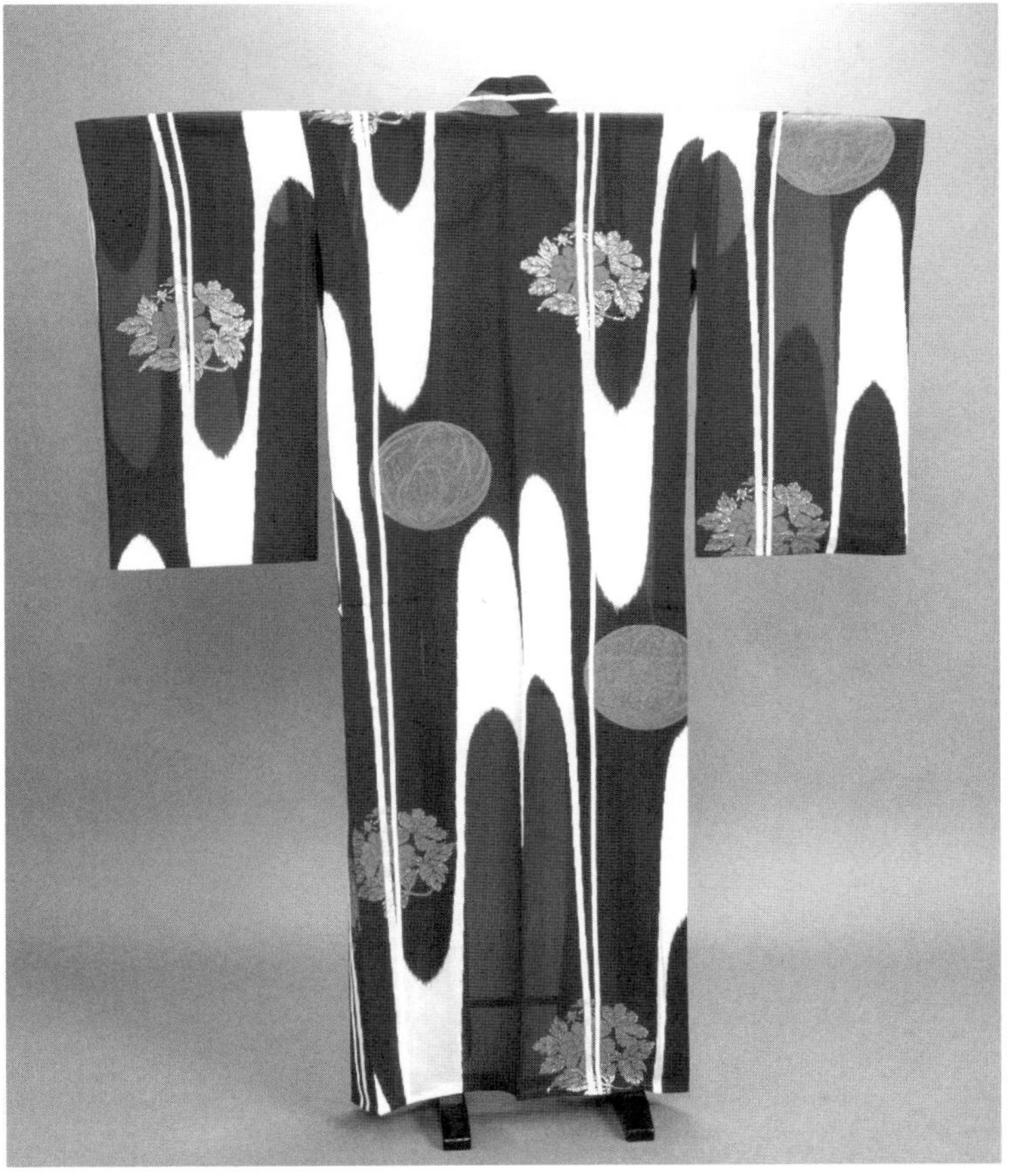

昭和15年ごろの明石縮

茄子紺地に白い経絣《たてがすり》で曲線模様を織り出し、花の丸模様を縫い取り技法で表現した、凝った趣の明石縮です。明石縮は大正から昭和初期に新潟県の十日町で全盛を迎えた夏織物ですが、戦後ぱったりと姿を消しました。この写真のような作風の夏のきものを着た女性が当時の絵画によく描かれています。

 十日町市博物館 提供

ら始まった「経が絹、緯が木綿」の交織織物であることが記されています。

二番目の説は小千谷縮《おぢやちぢみ》（越後縮）の誕生逸話として広く知られるもので、「堀将俊は妻女・満、長女・千代、次女・袈裟（今朝とも）を伴い家族で小千谷の庄屋の客となり、近隣の子らに読み書きなど教える傍ら縮織に工夫を凝らし、ついに越後縮を完成させた」というものです。余談ですが、千代は踊りに優れ、袈裟は音曲に秀でていたと語り継がれ、「佐渡おけさ」は「袈裟」ゆかりを表すと言われています。

この越後縮誕生秘話については別項「17．越後縮は上杉謙信の形見」で書いていますのでそちらをご覧ください。

これとは別に、日本の絹織物の先進地・西陣では明石縮の研究は早くからなされており、明治時代には西陣でも「明石縮」が織られていました。東京国立博物館名誉館員で美術評論家・北村哲郎氏の著作『日本の織物』（源流社）には、絹の縮織で黒地にごく細い経絣模様が織り込まれた「明治時代に西陣で織られた明石縮」が紹介されています。

十日町で花開いた大正・昭和初期の明石縮

各地で織られていた明石縮ですが、十日町で最盛期を迎えることになったいきさつをお話しすると、十日町は古くからの麻織物の産地で知られ、江戸時代寛政十二（一八〇〇）年刊の文献『越能山都登《こしのやまづと》』（旧田沢村桔梗原の開田工事に幕府から検察吏として派遣され滞在した役人の見聞記録）にも越後縮の製法がつぶさに描かれています。旧田沢村は現在の十日町市。この麻縮の技術を絹に応用したのが「明石縮」というわけですが、麻と絹では糸の作り方がまったく異なり、口でいうほど簡単に移行できたわけではありません。絹織物の先進地はいうまでもなく西陣です。文政十二（一八二九）年、西陣の織物職人・宮本茂十郎は十日町の縮商人・松屋庄兵衛の依頼で十日町に入り、「透綾織《すきやおり》」という、絹糸に強い撚りを掛けた縮織の製法を土地の娘に伝授したと伝えられています。透綾織ははじめ絹と麻との交織で（『大日本織物二千六百年史』）、しだいに絹のみの織物になりました。これが、十日町の絹織物の始まりで、糸質や絣に工夫と改良を加えて透綾織は発展し、明治十年頃には時代を代表する夏の人気織物となりました。しかし、あまりに透けるため下着があらわに見えて下品という声も多かったようです。明治二十年頃、柏崎（十日町から日本海側に向かって隣の市）の縮商人・洲崎栄助は西陣で「播州明石の明石縮」の織り方を研究していることを知り、雪国越後のほうが製造に適していると直感、西陣の明石縮の見本裂《ぎれ》を十日町の佐藤善次郎に渡し、研究に着手したのが十日町での「明石縮」製作の発端とされています。「十日町市博物館」の資料を見ると確かに透綾織はセミの羽のような透け具合で、女物には適していないように見えます。やはり男物として流通したもののようで、女物は多く玄人の方々が用いられたようです。

江戸時代の最盛期年産およそ二十万反と言われるほどに生産した越後縮が、江戸時代後半以降の度重なる奢侈禁止令の影響もあって消費は激減、十日町は麻織物から絹織物への転換が切実な状況だったのです。そこに現れたのが先の西陣からの織物職人・宮本茂十郎。宮本が教えた西陣の先進の織り方は、それまで十日町で越後縮を織る際に用いていた地機《じばた》とはまったく異なる高機《たかはた》を用いるもので、宮本は地元の機大工《はただいく》に高機の作り方を教えるところから始めたのです。この高機で織る絹織物の技術を学んだことで、十日町は麻織物産地から絹織物産地へと脱皮することに成功しました。宮本茂十郎への感謝の念は土地に根強く残り、大正十二（一九二三）年にはその功績を称えて、名前を冠した「宮本公園」を造り、大きな顕彰碑を建てています。

この透綾を母体として、明治二十年代半ばにようやく両シボ縮が完成します。透綾にも縮緬にも似ているところから、初め「透綾縮緬」と呼びますが、根津五郎右衛門が「縮織物の源流は播州明石にある」ので「明石縮」と命名し、十日町の明石縮が始まったと伝えられています。高機で織っていた産地に大正年間には水車による動力織機が導入され、さらに動力が水車から電気になったことで飛躍的に生産力が向上しました。同時に、産地では絹縮の難点であった濡れると縮む性質を「蒸熱加工法」で解消し、「縮まぬ明石」の開発に成功しました。この特殊加工の新製品は高価であるにもかかわらず世の女性たちに圧倒的に支持され、十日町の明石縮は他の夏織物を凌駕して高級おしゃれ着として花開き、人気と地位を確立してゆくのです。ところが、昭和七（一九三二）年に二十七万四千反も生産した明石縮は、戦後の女性の衣服環境の激変で、ぱったりと生産されなくなったのです。

「まぼろしの」と呼ばれた戦後からの復活

昭和四十年の『美しいキモノ』夏号に「まぼろしのきもの」と題して十日町の滝沢栄輔氏が明石縮への愛情の思いを綴っています。また、昭和五十七年の同誌夏号には銀座の名店「紬屋吉平」主人・浦沢月子さんが「思い出深き夏のきものたち」として大正の頃に一世を風靡しながら現在では見かけない夏物の代表として明石縮を挙げています。軽くてさらりとした感触を褒めつつ、縮むところが難点と言い、自身の懐かしい体験として「トンボ柄の明石縮を着ていて、帰ってから帯を解いたら、帯の下のトンボが汗で小さくなっていた」というエピソードを紹介しています。

ところが、このエッセーが掲載された年に「十日町明石ちぢみ」は国の伝統的工芸品に指定されます。この指定は文化財保護審議会専門委員だった北村哲郎氏をはじめ多くの専門家のアドバイスを受けながら、時の「十日町織物工業協同組合」理事長・吉澤慎一氏、事務局の佐野良吉氏などが中心となって困難をクリアーしながらこぎ着けたものでした。吉澤氏は明石縮の復活に功のあったことが知られています。大きく立ちはだかったのは「明石縮は各地で織られており、そもそも十日町が発祥の織物ではない」ということでした。そこで、産地では手を尽くして調査し、確かに各地で織られていた歴史はあるものの、この産地特有の工夫と改良を行った独自性を持った織物で、しかも明石縮のほとんどが十日町産であり、消費者が明石縮は十日町の織物と認知しているとして「十日町明石ちぢみ」の名称で指定を受けることとなったのです。指定を機に産地では積極的な広報活動を展開し、新聞、テレビ、雑誌などに十日町明石縮が次々と紹介され、現在に続く夏に欠かせないおしゃれな絹織物となっています。

明石縮を着ている女性を絵画の中にときおり見かけます。戦前は日本中の女性たちに愛好された高級夏織物の代表だったからでしょう。矢絣や太子間道などの経絣《たてがすり》に縫い取り技法で飛び柄を織り出してあるのが特徴で、生地は薄く透けているのが分かります。京都市京セラ美術館所蔵の由里本景子画伯の作品「望遠鏡」は、三人の若い女性の涼やかな夏姿が印象深いものです。

6 江戸小紋と永井荷風

江戸時代、侍の正装として紋付熨斗目《のしめ》小袖に裃《かみしも》を着けた姿が知られます。裃は麻製で藍染が決まり。そこには小紋柄が染められています。各藩はこの裃の柄を競ったのです。「謹厳であること、実直であること、誠実であること」などをはじめ、身を正して生きる侍の姿を包むにふさわしい、武家好みの整然として格調高い模様が多く作られることになりました。ことに、有力な藩では独自の模様を留め柄として定めて他藩の使用を禁じ、自藩の武士が江戸・千代田城に登城するときのいわば制服として用いることになります。また、裃は着用したときに肩の後ろから裏の藍無地が見えることから、格調を重んじる武士は藍染の質にこだわったと伝えられます。濁っていたりムラになっているのは恥と考え、「すまし建て」という方法での、きりりと澄んだ藍色が求められたそうです。

代表的な定め小紋としては、徳川将軍家の「御召十」、紀州徳川家の「鮫小紋」、加賀前田家の「菊菱」、佐賀鍋島家の「胡麻」、肥後細川家の「梅鉢」、薩摩島津家の「大小霰」などがよく知られています。このほかにも多くの柄が用いられました。江戸末期には次第に武士の占有ではなくなり、富裕な町人もしゃれ味の利いた柄を着るようになり、明治からは自由に一般の庶民もこの種の小紋を着るようになっていきました。

東京で大流行し、普及したのは日清戦争後のこと

江戸時代の絵画資料を見ると、男性も女性も細かな模様の一色染のきものを着ている姿に行き当たります。そこには「江戸小紋」という名称は出てきませんが、現在私たちが江戸小紋として知っているきものの種類だということは分かります。これが一般に普及したのは明治二十七（一八九四）年からの、日清戦争後のことといいます。それについては、昭和二十五（一九五〇）年発行の『染織美術』誌上に興味深い座談会が載っていますので紹介します。出席者は、後に江戸小紋の人間国宝となる小宮康助（本名の定吉で登場）、同じく同業の型付師・根津の「丁子屋」主人・齋藤豊吉、上流階級の顧客を多くもった呉服商の赤坂「福田屋」主人・森田仙（千）吉の三名。聞き手として本吉春三郎の名前があります。福田屋は、明治四十四年に華々しく行われた、後に「筑紫の女王」とうたわれる歌人・柳原白蓮が筑豊の炭鉱王・伊藤傳右衛門と結婚する際の嫁入り支度を調製したことでも知られていました。

何が話されているかというと、まず、小宮康助（明治十五年生まれ）が浅草象潟《きさがた》の「若松屋」に数え十三歳で奉公に出たときのことです。象潟は当時、浅草田甫と呼ばれており、

細い竹べらを持つ小宮康助翁

川越・喜多院所蔵の重要文化財、職人尽し絵屏風には腕の長さほどの細い竹べらを持つ職人の姿が描かれた「型置師」があります。この写真の小宮康助翁は若い頃、その竹べらとそっくりなへらを用いて生地に防染糊を置いていたとのことで、本吉春三郎氏が訪ねた折に「この竹べらで（糊を）付けてみせやしょう」とおっしゃったそうです。

 小宮康正氏 提供

若松屋主人・浅野茂十郎は「田甫の茂十」といわれる型付けの名人でした。日清戦争直前のその頃はまだ型付け工場の数は少なく、ほかには根津の「丁子屋」、神田美土代町の「三星」が代表的工場で、芝大門の「型菊」、九段下の「りゅうけつ」、深川の「型こう」などの名を挙げ、紺屋（地染め工場のこと。写し糊が東京で用いられる前は、小紋の型付けと地染めは分業）の代表として、徳川家の御用染をしていた赤坂の「壺泉」、諸大名の染めを承っていた白山の「壺屋」、写し糊に転換せず玉藍専門を通した浅草の「エビヤ」など、名店を挙げています。

色は、小宮翁が「(江戸) 小紋は錆びていなくちゃいけません」というように、茶けし（「けし」は渋みのあること）、藍けし、憲法（黒みがちの茶）とだいたい決まっていたと言います。地染めは植物染料や顔料による引き染めでした（藍は浸け染め）。渋木、刈安、黄土、蘇芳などを用いて、さらに華やかさを消すため茶や藍で下染めをしたそうです。ご存じのように、引き染めは一反の生地を長く張り渡して「刷毛」で顔料や染料を引いて染め、しごき染は長板に生地を貼り付けて「ヘラ」で色糊を置いて染めます。

そしてこの細かい柄の地味な色目のきものを年配の方から若い方まで着ていました。着装は三枚襲《がさね》の場合、一番下は胴抜きにして、上二枚は比翼仕立て、フキは七分（約二・六cm）もあって、黒繻子《しゅす》の丸帯を締めたといいます。森田氏の記憶では三枚襲は「桂内閣のとき禁止され」以降二枚襲が主流になったそうです。大正、昭和の戦前の姿には二枚襲が多数見られます。日清戦争後の小紋大流行とその後のしごき染の普及を受け、東京では染め工場の創業が相次ぎました。そして少数ですが現在につながる老舗工場もあります。

江戸小紋という名称について

江戸小紋の名称が公式に用いられたのは、昭和三十年、小宮康助氏が「江戸小紋」の重要無形文化財技術保持者（人間国宝）に認定されたときとされています。

先述の本吉春三郎氏の述懐を紹介します。本吉氏は福岡県柳川の裕福な商家出身で、画家を志して上京。「国画玉成会」に属し、山本鼎《かなえ》、和田三造らと深い親交を結びます。同時に同郷で縁戚の北原白秋を通して山田耕筰、小糸源太郎、富本憲吉など錚々たる人士との知遇を得、活動の幅を広げます。そして戦時中の「日本美術及工芸統制協会」で中心的実務を担っていきます。戦後の工芸のゆくえを見据え、途絶えさせてはならない技術の保存についても力を尽くしました。『美術及工芸技術の保存』（西川友武著）には本吉氏の綿密な江戸小紋の調査報告がなされています。この折、本吉氏は小宮康助翁が昔ながらの「竹篦《たけべら》」（有名な「職人尽し絵」に見られる腕の長さほどもある細長い竹の篦）で型付けをして見せてくれたと記しています（49ページ写真）。また、氏は戦時中にここで初めて「江戸小紋」の名称を用いたそうです。理由は、その頃はもう「小紋といえば華やかな多彩色の型染着尺をさしており、微細な柄を一色染ですっきりとあげた江戸の小紋と区別するため」と語っています（筆者直話）。

筆者は二十五年ほど前、凝った江戸小紋を作るメーカー・岡巳（現在は廃業）の主人より、永井荷風の『腕くらべ』（大正七〈一九一八〉年刊・岩波文庫）中に「江戸小紋」の文字があることを聞きました。文中には主人公の恋人の歌舞伎役者・瀬川一糸の身なりとして「江戸小紋の二枚重ね」が「橘町」あたりの好みとあります。橘町に「だいひこ」のルビが振られているのは、「大彦《だいひこ》」は江戸時代から日本橋橘町で盛業を誇った高級呉服商であるため、橘町といえば大彦をさしたからでしょう。「江戸小紋」がこのときの永井荷風の造語とは考えにくいので、世間ではすでにこの言葉が用いられていたのかも知れません。

著名な小説家や日本画家が愛した江戸小紋

江戸末期では「武家の奥方」や「大店のお内儀」の着姿として馴染み深いと思います。明治になると武士は多くが官僚となり、住まいはいわゆる「山の手」だったため、山の手の奥様方が愛好する代表的なきものとなっていきます。実業家の奥様やお嬢様がこぞって華麗な手描き友禅の紋付裾模様や振袖を着用するのと対照的に、官僚の家庭では実質的で格調もあり気品に満ちた装いが好まれたのでしょう。そして、小紋とともに好まれたのが紋付の黒い羽織です。小説家・吉川英治が『小紋百趣』（大野賢光編）に寄せた「小紋はいかにも日本的である」という言葉のなかには、「小紋のために吟味する材料や工程、デザイン、どれも皆日本人の嗜好、自然・風土から生まれた文化のひとひらとして」の郷愁が込められていそうです。また、日本画家・鏑木清方《かぶらききよかた》は小宮康助と同年代の人ですが、小紋や中形にことのほか愛着を持ったことが知られており、代表作「三遊亭圓朝像」では落語の名人・三遊亭圓朝に菊菱の小紋を着せ、「新富町」では小紋の羽織を着た婦人を描いています。「母の、縞ものに黒い繻子の衿を掛けて小紋の羽織をいつも着た、それがよく似合っていたのを忘れない」という文にも江戸小紋へのひときわの愛着が感じられます。画伯は若い頃「小紋の柄を毎日薄葉《うすよう》に描いて練習した」そうです。また、若き修業時代に「伊勢の白子の型紙業者の東京・久松町の店から頼まれて、染めゆかたの下絵を納めた懐かしい思い出」を文章に残しています（『続 こしかたの記』鏑木清方著 中公文庫）。

現代の江戸小紋は紋付からおしゃれ着まで幅広いシーンに

戦後の劇的な衣生活の変化を受けても、現代の江戸小紋は、裃小紋の流れを汲む正調な小紋は紋付で式典や茶会、行事への出席などに大変重宝され、しゃれっけのある趣味的な柄は、食事会や観劇、美術鑑賞や和の稽古などに広く用いられています。繊細で優美、緻密で清澄な日本情緒あふれる柄のきものはすべて、鋭く端正な型を彫る技と、研ぎ澄まされた染めの技との、真剣勝負の結晶と言えるでしょうし、遠目には無地、近寄ると緻密さに驚く、そのデリケートな味が愛好家の胸を焦がすのでしょう。

7 縞の流行が語る格式

衣服としての織物と染物ではどちらが早く発生したかというと、それはもちろん織物でしょう。初めはただ植物繊維を織り上げたものを着たのでしょうし、次に、そこに何らかの染めを施して着ていたのでしょう。ですが、どのような素材でも、織物に用いる糸を染めることで、そこに初めの装飾効果が生まれます。さらに、きものの模様のなかで、最も早く自然発生的に登場したのが縞と考えられます。それは、素材は何であれ織物を組み立てるための経糸、あるいは緯糸のなかに、別の色糸を一本組み込むだけで、もう縞が構成されるのですから。

そして縞は厭《あ》きられることなくきものに用いられてきました。縞柄は無数に変化をつけられますが、現在知られている一般的なものだけでも、それぞれに名前がつけられていて興味深いものです。本吉春三郎氏は、『きものの基本と常識』（中央公論社）のなかで、縞の種類と特徴について以下のように記しています。少し長いのですが、引用してみます。

「棒縞／地糸と縞糸が同じ幅に配列され、棒状をなしているもの。大名縞／縞糸二本に地

音楽会に集う人々の縞のきもの

大正9年6月19日に、築地にあった「水交社」で開かれたチャリティー音楽会に集った方々の写真です。水交社は帝国海軍軍人やOBの親睦・研究団体で、建物は築地卸売市場の場所にありました。御召と思われる縞のきものに、日露戦争後に大流行した「二百三高地」というひさし髪の一種の髪形の姿が目立ちます。

 『婦人画報』大正9年8月号（ハースト婦人画報社 提供）

糸六本を配したものは四つ目大名。子持ち大名／大名縞のそばに細い縞をともなったもの、粋な縞とされる。滝縞／経糸の太い縞をだんだん細い縞に配したもの。両滝縞と片滝縞がある。横に織ったものは横滝という。弁慶縞／太い縞を経緯に織った格子縞(歌舞伎の「勧進帳」で弁慶が着ているのは弁慶格子ではなく翁格子。筆者註)。翁格子／太い格子の間に細い格子を交えたもの。能衣装に多く用いられる。三筋立／縞糸を地糸何本かへだてて、三筋ずつ並べたものを一つの単位として一幅に縞割りしたもの」とあります。これらは織物に表される縞の組み立てですが、説明文を読むだけでその縞が目に浮かぶような、的確な解説がなされていてみごとです。

また、染め縞にも長く好まれている縞柄がたくさんあります。馴染み深いのは江戸小紋の縞柄です。江戸小紋では縞のことを「筋」といっています。代表的なのは縞の太い順番に、千筋、万筋、毛万筋、極毛万というように呼んでいます。これらの染め縞は織縞のカジュアルな印象とは異なり、いずれも格調高く繊細優美なところに特徴があります。江戸小紋は一色染のスッキリとした染め上がりに価値があり、白地に濃い色の筋がくっきりと立っていると、ほれぼれとするほどの爽やかさと格調が感じられます。この縞には紋が付けられます。おおむね裃から派生した柄には紋が付けられますが、それは武士が裃として着用していたときにすでに紋が付いているからです。染め縞にはそのほか、手描きの縞がありります。江戸小紋の筋物とは正反対のゆったりとしてのどかな雰囲気が持ち味で、おしゃれ着として着用し、紋は付けません。忘れてならないのは、御召の縞です。御召は明治から大正、昭和の戦前と長く大流行した、上質な高級普段着の代表的な織物です。紬が繭を開いた真綿から引き出した真綿糸を用いるのとは異なり、御召は繭そのものから引き出す生糸を用いているため、糸に節がありません。強い撚りを掛けて織り上げるため、表面にシボが立ち、丈夫なうえ、高級感があるのも特徴です。縞御召は紋を付けられ江戸小紋の筋ものほど格調高くはありませんが、紬の縞のようなまったくの普段着とは異なり、上品で高級感もあり、上質な着心地が好まれていました。

社交の場面での縞のきもの

裕福な階層の婦人たちが音楽会に集った際の古い写真（55ページ）など見ると、庭園にさんざめくにぎやかな声まで聞こえてきそうですが、着ているきものはほとんどが縞です。縞はひと手ではなく様々でそれぞれの好みが表れています。裕福な家の婦人が音楽会に紬を着ていくとは思えず、御召と見るのが適当でしょう。ほかにも富裕な階層の婦人たちが集った会でも七割の婦人が縞のきものを着ていて、いかに縞のきものが流行していたかが分かります。ここで注目したいのは、縞の柄がそれぞれ違うことです。ガーデンパーティだったらしく、当時限られた方々しか手に入らなかったであろうハイカラな飲み物・ビールかサイダーの瓶が見えます。グラスの脇にフィンガーフードらしきものもあり、一般の生活とはかけ離れた優雅な午後のひとときが感じられます。衣服は和風ですが、生活は洋風を取り入れている上流階級のワンシーンと見ることができます。ここの縞のきものも御召に見えます。長襦袢もきものもゆったりとした衿合わせで、ミセスの落ち着きが感じられます。半衿はほとんどが刺繍らしく見えます。フォーマル感のあるきものには金鎖を首に掛けて、おしゃれを楽しみ、普段着の場合は金鎖は用いず半衿でおしゃれを楽しんだのでしょう。

戦後のモダンな縞の好み

戦後すぐから、きものは洋風の味付けがされ、洋服のような模様や洋服地を用いたきものなど、様々にモダンなものが現れます。例えば、表地は濃いグリーンの無地御召で、裏地に白縮緬地に染めたグリーンの棒縞を付けていたり、帯と裾回しを共布にしたりと、モダンな縞の扱いに手慣れた工夫が見えます。縞の流行は戦後も続いていたようで、日本画家・山本武夫画伯の「縞の風俗史」などにも詳しい解説があります。山本画伯は東京美術学校在学中から日本画家・小村雪岱に師事し、師の作風を受け継いだ江戸情緒豊かな作風で知られる方。資生堂のポスターや化粧瓶のデザインも手掛けました。ここでは、深い教養に裏付けられた縞の考察を文章にしています。

男縞と自決半年前に三島由紀夫の着た縞柄

次に少し時代が飛びますが、男縞と呼ばれている地味な色使いの細い縞柄が、女性の色気をクールに包んで、流行した時期がありました。平成七（一九九五）年『美しいキモノ』夏号の特集で女優の香山美子さんがシックな夏の縞ものをキリリと着こなした姿が印象的だったことを思い出します。

そして、昭和四十五（一九七〇）年、長年の好評連載「私ときもの」で、三島由紀夫さんが薩摩絣のきものに小倉縞の袴を着けた姿を忘れることができません。取材者の佐藤美代子さん（故人）は撮影現場の様子を、「着せてくれたまえ」とおっしゃりながらきものを携えて現れた三島さんが日本の伝統的な白い六尺の下帯姿だったことに仰天し、「心臓がのどから飛び出すんじゃないかと思うほど緊張した」と筆者に話してくれたことがありました。この半年後に三島さんは自決。着つけは前出の佐藤さんがしたものです。このとき佐藤さんは二十九歳の若き編集者でした。三島さんが撮影時お召しだった小倉縞は、北九州の小倉地方の伝統織物で、木綿の袴地。男性の普段着の袴地として日本中で用いられました。

8 大島紬が飛ぶように売れた時代

大島紬発祥の地・奄美大島は九州・鹿児島から南西におよそ三百八十㎞の、瑠璃色に透き通る海洋に浮かぶ大きな島です。令和三（二〇二一）年には沖縄とともに世界自然遺産に登録されました。亜熱帯の気候とソテツやアダン、ガジュマルなどの濃い緑の植物、ハイビスカスやブーゲンビレアの鮮烈な赤い花、パパイアやパイナップル、バナナなどの南洋の果物に彩られた豊潤な島。その島では、はるか日本神話の昔から織物がなされていたと語り継がれてきました。昭和五十年代には弥生前期と推定される「紡錘車（糸に撚りを掛けるための道具・石製）」が笠利町・サウチ遺跡で発掘されて、伝説は現実となりました。

さて、江戸時代、奄美第一の重要な産業は「黒糖製造」でした。もちろん江戸期以前から島では身近にある植物の芭蕉や苧麻《ちょま》あるいは盛んに行われた養蚕から得た絹で無地、縞、格子の織物が作られていました。慶長十四（一六〇九）年、薩摩藩が奄美を藩の直轄地としたときすでに、「大島紬」を「琉球石高」に勘定していたと『本場奄美大島紬協同組合創立八十周年記念誌』（以下記念誌）は伝えています。さらに文政十二（一八二九）年、

手芸作品講習会に集う大島紬の婦人

大正11年11月に行われた「京橋・星製薬楼上にての家庭製作品講習会」のスナップ写真です。右端に見える講師と思われる帽子をかぶったハイカラな洋装の方を除き、ほぼ全員がきもの姿で、目立つのは龍郷柄らしき大島紬のお対です。この年、奄美と鹿児島両産地で生産した大島紬は合わせておよそ55万反という大変な数でした。

 『婦人画報』大正12年1月号(ハースト婦人画報社 提供)

薩摩藩士・伊藤助左衛門の記した奄美風物調査報告書を基にした『南島雑話』（名越左源太著）は着色絵と文による詳細な記録ですが、なかには「紬、木綿、苧麻、芭蕉」が腰機で織られていて、糸染めは泥になんべんとなく漬けて「ネズミ色」を得るとあり、現代のテーチ木染と泥染を重ねて得る焦茶色でないことが分かります。また、苧麻の花織（紋織）の「朝衣（官服）」の糸の繊細さに感動している一文も載っています。江戸時代を通じて奄美の織物は、黒糖とともに薩摩藩の税収に欠かせない産品となっていました。

明治時代の大島紬

貢納布の歴史が長かったため、大島紬が一般に流通するのは明治十（一八七七）年頃からです。身近な種々の草木で染めていた糸染めを明治十三年にはテーチ木染と泥染を重ねる染色法に統一することを業者間で決め、泥大島の製造が本格化します。その頃の大島紬は現在とは異なり、真綿から紡いだ糸を芭蕉の繊維で括り染めした、簡単な絣柄だったようです。明治十八年には鹿児島で奄美の人による大島紬製造が始まり、明治二十三年頃には東京や大阪の店頭にも並び始めました。この年大きな技術革新があり、大島紬大流行のひとつのきっかけとなりました。それは、喜界島出身の浜上アイさんによる「木綿針で経絣を動かし、絣を正確な十字に調整する絣合わせ」の考案でした。これにより絣柄がくっきりと織り上がるようになり、大島紬の評価はさらに高まったのです。

明治二十八年の日清戦争勝利後の好景気に支えられ需要も伸び、生産は拡大、そして、需要増に応えるため手の掛かる真綿手紡ぎ糸から脱脚し、玉糸を買い入れて用いる玉糸紬に変わりました。同時に腰機から高機へと転換することで生産性が飛躍的に伸びました。この頃、絣はまだ手括りだったのですが、この作業を夜なべでしていた若者達の逸話をご紹介します。奄美大島龍郷町円《たつごうちょうえん》の方で織物組合の検査員として昭和五年から働いた井上重敏さんが聞いた、明治三十七、八年頃の絣括りの光景です。「その頃、絣の印は織元が付け、括り作業は毎夜の夜なべ仕事で、若い男女が持ち回りの作業場に集まり、ほの暗いランプのもとでその日の出来事や世間話をしながらする絣括りは、仕事というより娯楽に近い楽しい作業」（記念誌）で、仕事が終わると「酒やトーフ、ソーメン」などのごちそうが出て、島唄と踊りで締めくくったというのです。この若い男女の夜なべ仕事のエピソードからは、昼間の張りつめた仕事の後のゆったりとした手作業ぶりが感じられますから、絣は大き目で括りやすかったのでしょう。器用な人は不器用な人に作業のコツを教えたでしょうし、しくじってしょげる仲間を励ます人もいたことでしょう。そんな中からカップルが生まれていく青春時代の一コマを思い描くのは私だけでしょうか。

原糸の変更と締機絣製造法の考案

何といっても大変革だったのは、原糸を節のある玉糸から生糸の本練り糸（現在の絹糸）に替えたことで、艶のあるなめらかな地風が生まれたことと、絣を手括りから締機《しめばた》で作る方法への切り替えでした。締機の考案については、前出の記念誌中に「初め明治三十四、五年頃、先覚者の重井小坊が織締による絣作りを研究し、大工・熊吉に締機を製造させていた」が無念なことに完成間近に三十五歳で早世してしまったと出てきます。この作業場には繁く永江伊栄温《いえおん》氏が出入りしていて、重井氏が没したちょうどその年、明治四十年に永江氏が締機絣製造法を「普通締」として完成させ、公開するに至りました。この方法によって絣は飛躍的に細密なものができるようになり、大島紬は格段の発展を遂げることになるのです。そして腰機から高機へと移行したこともあり、生産は桁違いに伸びたのでした。

大島紬の流行の変遷

大正五（一九一六）年に奄美で約十四万反、鹿児島で約七万反だった生産が、五年後の大正十年には奄美で約三十三万反、鹿児島で約四十一万反の合わせておよそ七十四万反と大きく増産します。細密な絣柄をテーチ木染と泥染や藍染した上質な味わいは、多くの女性の心をとらえ、大流行となったことが分かります。この後、両産地とも泥染、泥藍染に加えて合成染料による糸染めの色大島を開発し、愛好者の気持ちをさらにとらえていきます。絣もしだいに小さなものが好まれるようになりました。戦前すでに名瀬市(現奄美市)

の松沢金助工場と徳之島母間《ぼま》の上原工場で七マルキ、※九マルキの細かな蚊絣の大島が作られています（記念誌）。白大島は工夫で知られた、名瀬の東善高《あずまぜんたか》工場が昭和三十年代に商品化、その年の京都・市原亀之助商店の展示会で発表して大好評となり、白大島は大島紬の新しい扉を開きました。そして昭和四十年代は日本中で紬大流行、昭和五十一年には奄美・鹿児島両産地で計九十七万反という驚異的な生産を記録します。現在では十二マルキという微細な蚊絣や、さらに十五マルキも登場し、さまざまな作風で愛好家を魅了しています。

※マルキとは絣糸の単位で経絣糸八十本のこと。七マルキとは全経糸のうち五百六十本が絣糸という意味。

9 長羽織全盛の大正時代

昭和五十三（一九七八）年の『美しいキモノ』一〇四号『別冊 コート集』に遠藤武さん（文化女子大学教授・生活文化学者）の文章があり、中に引かれているのが長谷川時雨の一文で「私の娘時代は、羽織はコートの代用で寒い時は家の外で着るくらいで、堅気の家の娘や女中はみな家の中では着なかった。他所《よそ》へ行く時は着て行っても玄関から客座敷へ通る時にはぬいでしまう。寒い時、特に打ちとけた人の間では〈ごめんなさい〉とことわって着た。今も上つ方ではそうであろうと思う。下ではこの風習を芸者が伝えている」とあります。娘時代というのは明治中期のことで、今というのは昭和戦前のことです。羽織の長さにかかわらず屋内では着なかったということと、着る場合はひとこと詫びを言ったというわけです。明治中期になっても羽織はコート代わりだったことが分かります。黒地から始まり、小豆系、納戸系の紋羽二重の色紋付羽織が流行したようです。

このように防寒目的だった羽織がしだいにおしゃれの要素を帯びてきます。それには女性の嗜好ばかりでなく「一越縮緬《ひとこしちりめん》」の開発・一般化も大きく作用しているでしょう。それ

「平和記念東京博覧会」見学時の長羽織姿

大正11年3月から7月にかけて東京の上野で盛大に開かれた文化博覧会「平和記念東京博覧会」に訪れた大阪割烹学校の生徒です。ほとんどの方が長羽織姿で、半衿には刺繡か小紋染で模様を表したものが用いられているようです。博覧会見物と料理研修に上京した浮き立つ気分を感じさせる華やかな姿です。

 『婦人画報』大正11年6月号(ハースト婦人画報社 提供)

まで「縮緬」はシボ高のぼってりとした生地でしたから、長い羽織はたいそう重かったはず。そこに一越縮緬が登場しましたから、フォーマル用の生地は羽織に限らず一越縮緬一色となりました。羽織丈は長いままです。大正初めには、羽織の両前裾と衿先にわずかに模様を付けたものが現れ（『ファッションと風俗の70年』）、それが後の総絵羽模様の豪華な羽織にまで発展します。大正時代のお出掛け姿は大げさに言えばおよそ全員が小紋か御召のきものに小紋柄の羽織を重ねていて、その長さに驚きます。柄行《がらゆき》はおおむね関西は派手めで、関東はすっきりとした好みが感じられます。注目したいのは大正十（一九二一）年『婦人画報』三月号に載っている歌人・与謝野晶子を訪れた二人の客人の装いです。羽織はすっきりとした小紋羽織ですが、きものは二人とも絵羽模様です。現在では絵羽模様のきものの上に小紋羽織を重ねることはないでしょう。逆に、平成二十八（二〇一六）年に物故された作家・近藤富枝さんの著書には、きものは縞や御召、大島紬などの普段着でも長羽織には凝った模様を描かせた、「羽織のぜいたく」のことが記されています。

戦争を境に短くなった羽織丈

大正時代を通じて昭和の戦前までは羽織丈は長めでしたが、戦後はぴたっと短くなりました。物資が足りずとても長い羽織どころではなかったのです。一反の着尺地から二枚の羽織を作る茶羽織丈（腰が隠れるだけの短さ）が流行し、生地を横に使う画期的デザインの「お末羽織（大塚末子創作）」が人気を博しました。茶羽織は丈の短さとともにマチが無いため用尺が少なくて済みますし、少量の共布で紐を作りますので羽織紐が不要で、普段着には重宝したのです。それがしだいに長くなったのは、高度経済成長の好景気の時代。戦後すぐは腰が隠れるだけだった羽織丈が、膝に届かない程度の長さまで復活し、豪華な絵羽模様の羽織がおしゃれの重要な一アイテムとして流行します。それまでどちらかというと「年配の方のもの」と思われていた羽織が、同時期に大流行した儀式用の「黒地絵羽模様の羽織」が入学式に付き添うお母様の制服のように着られたこともあり、若いお母様が羽織をおしゃれに着始めたのは嬉しいことでした。

お対の流行と裏に凝るしゃれ心

昭和五十年代で大正時代の再来かと見まがうのは「お対《つい》」の流行でした。同生地二反（一疋）で仕立てたきものと羽織をお対といい、ことに大島紬のお対は、裕福な奥様の贅沢なおしゃれとして大正時代に大流行したのです（61ページ写真）。その頃は「龍郷柄の泥大島」一辺倒でしたが、五十年代には新作に凝った裏地を合わせた、通好みのおしゃれが好まれました。四十年代から紬に合わせる帯が実に豊富に登場し、織りの八寸帯が大流行しました。その頃の『美しいキモノ』のページを見ると泥大島のお対をスカッと着こなし、紬織の凝った八寸帯がコーディネイトされて見ほれる着姿があります。

羽裏は、脱ぎ着の際の滑りを良くするのが本来の役目でしょうが、脱いだときだけでなく、振りや身八つ口からこぼれる色柄に着ている方のおしゃれ心がしのばれるため、特別あつらえで染める方も多かったのです。多くの媒体で長年執筆者として活躍された石川あき（草柳大蔵夫人、アキ）さんの羽裏は見事なものでした。関西の富裕な旧家のご出身で独特のおしゃれセンスをお持ちの方です。とびきり豪華でなくとも、着終わってたたむときに自分がうっとりするくらいの、好みの友禅染を付ける方も多かったことが語られています。

「大正ロマン」の特集から長羽織が復活

昭和が終わる頃、きもの界に「大正ロマン」という流行がおきました。大正時代の雰囲気を感じさせる華やかな装いです。それをきっかけに羽織丈は長くなり、平成になるといよいよ長くなり、駅の階段などでは長羽織の後ろ裾が階段を摺る姿が見られるほどでした。現在でもエレガントな姿が好まれ長羽織は人気ですが、最近、いくぶん短めになりつつあるようです。

10 着つけ

始終お出掛けを楽しんでいる現代の奥様方は「奥様と言うより外様だね」などと、家族から愛情を込めてからかわれていることでしょう。しかし、明治初期、ほとんどの時間をお屋敷の奥深くで静かに暮らしていた奥様やお嬢様たちは、家の中ではきものの裾を引いていたのです。五つ紋付三枚襲《がさね》の振袖に錦織の重厚な丸帯を矢筈に巻くという正礼装の姿でも裾を引き、外出の際にはおはしょりを取っていました。二枚襲のきものを腰のあたりで重ねたままおはしょりを取り、きれいに整える場合と、整えない場合もあったことが古い写真資料から分かります(73ページ写真)。おおむね二枚襲、三枚襲の礼装の帯は「立て矢」系で、現在の立て矢結びとは異なりまるで帯を背負っているような形ですが、未婚女性の典型的な帯結びだったようです。それが少し変化してふくら雀やお太鼓結びに発展していきます。

そして礼装のときには筥迫《はこせこ》を胸に入れるのが古式のゆかしい姿でありました。そのため、「入りく」という帯あげの胸元での処理の仕方が現代の一般的な形とは異なっています。

この古式の「入りく」は「清水とき・きものアカデミア」では踏襲されています。

撮影着つけの始まり

昭和二十八（一九五三）年の『美しいキモノ』創刊号を見ると、きものを着用しているモデルのおよそ半分は各映画会社の看板女優（入江たか子、木暮実千代、三條美紀など）か、新進女優（香川京子、有馬稲子、岡田茉莉子、岸惠子、久我美子、司葉子など）、あるいは一流のファッションモデルです。ヘレン・ヒギンスをはじめとするトップモデルで当時の超一流デザイナー、田中千代、伊東茂平、鈴木宏子などの発表会で活躍する面々。ですから、きものの撮影でも自然にファッションポーズをとったのです。きもの姿でこのポーズをスマートに見せるため、急場しのぎにひざの後ろを洗濯挟みでつまんだのが、撮影着つけの始まりと考えられます。それは戦後昭和二十一年に作家の宇野千代さん創刊の『スタイル』誌上で、村井八寿子さん（かつて千代田区九段南にあり上流階級の華麗な顧客層でにぎわった有名美容室「紀の国や」主人）が始めたとされています。「紀の国や」は上品な作風で知られ、美容室は玄関前がロータリーになって広い車寄せもある洋館で、写真館、従業員宿舎、カルチャースクールも併設されていたと、元所属美容師で現役最古参の着つけ師・相澤美智子さんは記憶しています。現在そこには日本大学の施設があります。

撮影着つけは、着つけ自体の美しさとともに、ポーズに合わせて余計なシワをきれいに

三枚襲《がさね》振袖の裾引き姿と二枚襲のおはしょり姿

右は五つ紋付裾模様三枚襲の振袖の裾を引いて着ています。帯は錦織の丸帯を矢筈に巻き、立て矢に結んで帯留めを用いています。矢筈の巻き方はおはしょりを取るとしなくなりますので、腰の位置で帯を安定させ、前合わせを開きにくくする効果があったのでしょう。左はおはしょりを取った着方です。

 『婦人画報』明治40年6月号(ハースト婦人画報社 提供)

取っていくのがポイントで、カメラアングルによって見え方の変わる半衿や帯あげの出方、帯〆の中心位置を事前に調節しておき、カメラ前では手早くきれいに整えることが必要でした。立ちポーズでは苦になりませんが、正座や立ちひざでは、着つけ師が手直しに手間取るとモデルはひざや親指の付け根が痛くて笑顔が引きつります。『美しいキモノ』では、創刊号から初代山野愛子さんが「美容」という名目でヘアスタイルと着つけを担当しています。山野さんの美容理念は「総合美」にあり、「体型・体格は人によってみんな違うのが良い所。それぞれの特徴を殺すのでなく生かして、総合的に美しい姿に作ることを心掛けなさい」と教えられたことを、令和三（二〇二一）年八十八歳になる一番弟子の新藤愛子さん（六十歳で国の卓越した技能者に選定）は生涯の教えとして大切にしてきました。

カリスマ着つけ師の誕生

昭和四十年代はきもののブームの時代で、四大婦人誌の『主婦の友』『婦人倶楽部』『婦人生活』『主婦と生活』は絶好調の売れ行きで、別冊や増刊できもの専門誌が出ていました。好調なきもの業界を背景に「きもの見本帳」「きものブック」という新作きものの豪華カタログも数多く作られました。一日に数十点も撮影する現場では腕の良い撮影着つけの専門家が必要でした。ひとつの理由が、モデルはおおむねトップ女優だったからです。モデルが本業ではないため、本業の映画や舞台稽古、ドラマの空き時間や移動時間に撮影スタジオに寄り、二時間で六点ほどのきものを着てさっと次の現場に移っていました。腕の立つ着つけ師は大女優からの指名で引っ張りだこになりました。ナンバーワンだったのは前出の「紀の国や」出身の宇治橋ふみ子さんで、常に現場を掛け持ちするほどの売れっ子ぶり。それもあってか五十代前半の若さで惜しくも早世されました。お葬式には日本の有名女優のほとんどと思われるほど多くの女優から弔い花が上がり、はばかりつつ言葉にすれば盛大というにふさわしいものでした。宇治橋さんの着つけは衿元の合わせ方がぴっちりとしているのに窮屈に見えない、曲線に沿った自然で柔らかな美しさに特徴がありました。「紀の国や」伝統の半衿の付け方にも秘密があったようです。そして「無駄手」を使わず、一度の手の動きできれいに決める素早い着つけも得意技でした。その最後の弟子が現在も大活躍の石山美津江さんです。

現在の撮影着つけの特徴

昭和と平成の撮影着つけで大きく変わったのは、きものが仮仕立てになったことでしょう。本仕立てであれば必要ない裏地のたるみや縫い目のツレなどの処理に、本来とは異なる技術が求められています。またモデルの体型体格の変化、私生活できものに親しむ機会のない世代が増えたこともあり、ポーズの指導も着つけ師の新たな仕事となっています。

11 訪問着が誕生した背景

訪問着という名称は、文字どおり「訪問するときに着る衣服」という意味合いでの命名だったのでしょう。この名称が衣服と共に『婦人画報』に初めて出てくるのは大正十四（一九二五）年四月号で、そのページの見出しが「招かれて」です。招待されて他家を訪問する際の装いの紹介というわけです。しかも、「下町風の若夫人」の装い例に挙げられているのですが、同時に「山の手の若夫人」の訪問着として裾模様の着姿が紹介されています。裾模様ですが紋はなく、襲《かさね》下着も見えません。現在のような「上前の胸から衽、左の内袖、右の外袖、裾」に模様を付ける様式になるまでにはいくつかの曲折があります。

この「訪問着」という名前が登場する前の名称がいくつか知られていますのでご紹介します。もう二十年以上前ですが、東京一の高級呉服専門問屋（現在は解散）の方（故人）から、「訪問着を最初に作ったのは三越ですね。東京のおもだったデパートでは訪問服、プロムナード、散歩服っていうような名前を付けて、今でいう訪問着を作り始めたんですよ」と聞きました。

上半身にも模様のある絵羽模様のきもの

二枚襲、三枚襲からの略装化が提唱される時代背景もあって、しだいにきものは重ねて着なくなります。そして裾と両胸に模様のある絵羽模様のきものが登場し、それを一枚で着るようになります。中央の婦人は立派な裾模様に上半身にも模様のあるきもので、後方の婦人のきものは胸に模様はありません。

 『婦人画報』大正10年2月号（ハースト婦人画報社 提供）

北村哲郎氏の『日本服飾小辞典』には「大正十一年春の髙島屋百選会の趣意書」が初出ではないかとあります。大正二年の『婦人画報』一月号にはすでに初春の装い例として「訪問服」の文字が見え、大正八年の『三越』一月号にも「訪問服」の文字と商品が見られますので、大正時代には「社交のための訪問服」が必要とされ、上顧客を多くもつ老舗デパートではどちらも力を入れ始めたのでしょう。

服装の簡略化の流れは富裕階層の洋風化生活のデザインを生む

明治四十三(一九一〇)年の『婦人画報』七月号に、興味深い提言が出ていますのでご紹介します。当時の富裕階層の婦人の会合といえば「赤十字関連の会合」「和歌や書画など芸術愛好の会合」「高位の方々の歓送の会合」などで、大変裕福な家庭の奥様やお嬢様が、ご奉仕と高尚な趣味のためにお出掛けするのが多かったようです。そして、そこには最上流階級の方のご臨席もあるため、装いは多く「白衿紋付の式服」がふさわしかったのでしょう。ところが、前述の提言には、「日本服は模様が裾のみのため、立ち姿では良いけれども腰をおろしたときには、紋しか見えず、胸のあたりが淋しい」旨の一文があります。そして、「若い夫人方や令嬢達には、胸のあたりに裾模様や袖の模様を小さくした、ゆかりのある模様を付けて召していただきたい」と続けています。

この提言の二年後には、さっそく両胸に模様を付けた花嫁振袖が見られます。ただし、三枚襲の大変豪華なもので、抱き（胸）紋も付いています。ですが同年の他の号では、抱き紋が省かれた花嫁振袖の例が出てきます。また、大正十年の写真には、マンドリン同好会らしき会合での楽しそうな姿もあります(77ページ写真)。胸に模様を付けた花嫁振袖を、結婚後その袖を詰めたかのようにも見える社交着の方や襲の見えない裾模様の社交着の方もいます。抱き紋はなく、襲もない、いわゆる社交着の例と思われます。

同時に「衣服の簡便化・略装化」の流れもあったことが知られており、この「訪問服」の登場と軌を一にして「なごや帯」「袋帯」が現れています。重厚な襲の着装にぴったりであった丸帯も、きものの略装化に合わせて簡便化が求められはじめたのです。また、明治末頃には総絵羽模様の豪華な「社交服」も登場しています。

この模様付けの変遷を見ますと、①五つ紋付二枚（三枚）襲裾模様の正礼装に、②両胸模様が付き、③抱き紋が消え、④襲でなくなり、⑤両胸でなく上前の胸にのみ模様が付く、という流れになります。

また、総絵羽模様の豪華なきものは、この流れとは関係なく、特別注文という形で好みに合わせて作られていたようです。明治四十五年（大正元年）の『婦人画報』に「与謝野晶子が外遊のために三越で特注した衣装」の写真があります。晶子はこの年に夫・鉄幹を追ってフランスに渡っており、そのために特注したものでしょう。日本情緒豊かな模様の豪華なもので、現在でいえば、総絵羽模様の訪問着ですが、まだ、その名称は出てきません。

あの有名な「ああ皐月 仏蘭西の野は火の色す 君も雛罌粟《コクリコ》 われも雛罌粟」を詠んでいます。

そしていよいよ訪問服ではなく「訪問着」の名称が出てくるのは大正十四年です。『婦人画報』の四月号に、現在の訪問着に近い模様付けのものと、裾模様ですが軽い柄付けのきものが、どちらも「訪問着」として紹介されています。ここからも分かるように、初期の段階では、必ずしも模様の付け方で区別してはおらず、裾模様であっても襲でない場合と、抱き紋のないきものも「訪問着」と呼んでいたのです。つまり、襲で着用する正式な礼装でなく、新たな時代の略装の形のきものを「訪問・社交の場面にふさわしいきもの」としてこの名称が現れ、そして定着したのでしょう。

昭和の戦前から戦後の訪問着の流行、そして現在へ

訪問着は礼装の略装形からしだいに、あらゆる社交シーンで装える、ほぼ万能ともいえるきものに成長していきます。両胸に模様の付いた振袖から発展したと考えられる総絵羽模様の訪問着と、両胸にあった模様を上前のみにし、上前の胸に続く左の内袖、また、肩に付けた模様に続く右の外袖に模様が付き、それらすべてが裾模様と関連付いて、物語性をもたせる画面構成になります。戦中から続いた衣服関連の統制が徐々に外れて、昭和二十五(一九五〇)年頃にはかなり自由にものが作られていきます。

昭和二十八年創刊の『美しいキモノ』第一集には、様々な模様付けの訪問着が掲載され

ています。印刷の技術が現在とは異なり、モノクロ写真に人工着色していますので、色みは定かではありませんが、華やかな彩色の訪問着十六枚ほど、振袖一枚、小紋十枚ほど、御召二十二枚ほどで、最も多いのはファッションデザイナーの創作きもの。こちらは五十枚以上が紹介されています。新しい「キモノ」を作りたいという熱気の感じられる創刊号です。そこに「外出着」として訪問着よりもさらに軽やかな付けさげ風のきものが紹介されています。また、昭和三十年の第四集に「ヴェニス映画祭に出席する女優達」の写真があります。並んだ女優のほとんどが訪問着を着ています。もう訪問着が一部に定着してきたことが分かります。実際、「三十年代には訪問着が大変売れはじめ、昭和三十四年の皇太子ご成婚、昭和三十五年に始まる高度経済成長からは爆発的な呉服ブームの到来」（『京都織協50年のあゆみ』）となるのです。

その後、日本的な花鳥風月とは異なるモダンな作風が現れて好評を博し、絵羽模様を織りで表現した縫い取り御召の「織り絵羽」、従来の総絞りではなくおしゃれな「絞りの訪問着」も現れ、「沖縄返還」を機に琉球紅型の大流行もあり、昭和四十年代は一大きものブームとなりました。

現在の「訪問着」はそれらすべてをのみ込んだうえで、さらに新たな作風にチャレンジして、様々な訪問着が作られています。

12 袋帯は生活改善運動から生まれた

袋帯は現在、黒留袖・色留袖、訪問着・付けさげ、色無地紋付などの正装・盛装の装いから、御召や紬などの織りのきものまで、幅広く用いられる重宝な帯です。それぞれのきものの格や趣、持ち味などにふさわしい地質、色柄のものが豊富に揃っています。ですが、このように袋帯が全盛になるとは、予想外の出来事だったらしく、昭和に入ってもまだ、袋帯の人気は今ひとつ盛り上がりませんでした。明治から大正、昭和にかけておしゃれで有名だった美容家・早見一十一《いそい》さんの大正時代の述懐によると、「紋の付いたきものには必ず丸帯を締めた。袋帯は今日のような流行を見なかった」(『ファッションと風俗の70年』)とあります。そして、友禅(京小紋)や絞り縮緬の片側帯(帯地の表面だけが販売されていた)に好みの色の繻子裏地を付けて、裏表違う生地で仕立てた帯を締めたことが記されています。これは現在のいわゆる「縫い袋帯」とそっくりです。丸帯は広幅に織り上げた帯地を半分に折って袋状に縫い合わせて用いますが、片側帯は裏に別布を合わせて袋状に縫い合わせて用います。ですから両方の端が縫い目になっています。

応接室で「お茶の集まり」のシーン

明治末から大正時代には生活の簡素化を呼び掛ける声が高まり、衣服の略装化、洋装化を勧める活動がありました。図は絨毯の敷かれた応接間に履物のまま上がる最先端の洋風生活の1シーン。振袖のお嬢様とドレスの方が語り合っています。流行を牽引した上流階級の優雅なアフタヌーン・ティーのひととき。

 『三越』昭和2年1月号(株式会社三越伊勢丹 提供)

明治・大正期には、生活の簡略化、洋風化の時代の流れがあり、それは、衣服の簡略化にも及びました。それまでの「二枚襲・三枚襲裾模様紋付のきものに丸帯」というお出掛けスタイルに変化が表れるのです。裾模様紋付の胸や肩に模様が付いて襲でなくなり、紋の数が減ります。そして軽装化した社交の装いとして登場した「訪問着」にふさわしい帯として袋帯が出てきます。ちょうどその頃の生活が描かれた資料が、昭和二（一九二七）年の『三越』一月号に出ています（83ページ図版参照）。それまでの重厚な色柄地質の襲の装いから少し軽やかな装いとなり、さらに洋服も日常のお出掛けに着るようになった、ハイカラな富裕階級の生活の一端が垣間見えます。

それが一般的となるのは戦後、しかも、人気となるのは昭和の三十年代後半、「皇太子ご成婚」後の「ミッチーブーム」とベビーブーム世代の結婚式ラッシュからです。

博多で織り始められた袋織りの男帯

さて、本袋（袋状に織った）帯はいつ頃織り始められたのか調べていくと、意外なことが分かってきました。西陣は日本の高級織物の聖地です。そして先進地です。西陣で袋帯が初めて織られたのは「昭和四年」（『高島屋百年史』）とあります。同時に「筑前の本場博多織にはその昔既に縫い目なしの両耳が輪奈となった筒状の織り方があった」と記されています。つまり、「西陣よりも先に博多では本袋帯を織っていた」というわけです。明治時代に「宮内省御用達」国内第一号の栄に浴した西陣の老舗メーカー「川島織物（当時）」の社史に、昭和五年の時点で「小幅帯地は外機で賃機」、しかも僅少とあります。八年になってようやく「袋帯や名古屋帯」を扱い、それらには「本金（糸）、本金箔は用いなかった」とあります。ここからわかるのは、最高級の装い用の「丸帯」にはふんだんに用いる本金糸・本金箔を「袋帯」には使わず、高級商品とは一線を画したということです。博多で「袋帯」が考案されてからおよそ五十年の時が流れています。西陣織物館顧問・藤井健三氏の研究・調査によると、「福岡県立美術館」所蔵の江戸末期の博多男帯の現物は袋織りではなく、両耳を縫った縫い袋帯。しかし、現在の博多の男帯は袋織りが通常です。いつ頃から袋織りが始まったのでしょう。

『博多織史』の明治十八年の条には「松居工場、袋帯を発明」とあります。松居工場とは松居織物工場のことで、博多織では知らぬ人のない、長く隆盛を誇った老舗織元でした（平成二十五〈二〇一三〉年廃業）。

昭和六年の『三越』四月号に興味深い商品が紹介されています。『三越』は同名の老舗百貨店が顧客用に刊行していた、カルチャーと商品を紹介するPR誌。染織品に限らず、新商品がいち早く紹介されることで知られた小冊子です。その四月号、春のお出掛けにふさわしい帯として「筑博多女袋帯」が四点と「糸錦女袋帯」が一点、「常盤帯」一点が出ています。常盤帯はその細長さから「小袋帯」と思われ、糸錦のほうは「西陣織」と思われますが、他の女袋帯四点には「筑博多」とあるのです。模様は「博多織」を象徴する献上柄は一点もなく、西陣織と見まがう模様ばかりです。模様の置き方は現在の袋帯のような置き方ではなく、丸帯のような置き方（お太鼓の模様が逆向き）になっています。モノクロ頁のため色使いは分かりませんが、複雑な糸使いが感じられる大きな模様が目立ちます。それには、興味深い記述が見つかりましたので紹介します。「龍村平藏と博多織の意外な関係」という鳥丸貞恵氏の一文です（『初代龍村平藏 織の世界』）。明治四十年頃のこととして、初代龍村平藏が博多織に関心をもち、博多で「才覚のある技術者」の「児島紀七郎と田中寛七」と協力し、新しい紋織を開発したといいます。このことは、西陣と博多との古い交流を教えてくれます。

袋帯はどのように発展したのでしょうか。昭和初期に西陣でも織り始めた袋帯は、「はじめ、中老向きとして織り出された」（『髙島屋百年史』）といいます。丸帯を合わせるような立派なきものではなく、かといってなごや帯を合わせるような普段着でない社交のきもの用として使われ、次第に定着します。大正十三（一九二四）年の『婦人画報』に「髙島屋の売り場では袋帯が売れ始めている」様子が語られています。ところが、西陣ではこの記事より五年も後の昭和四年に初めて袋帯を織った（前出『髙島屋百年史』）といいますから、これは博多の袋帯とも考えられます。大正十五（昭和元）年の『婦人画報』には「親しき集ひ」として当時の名流夫人の軽い社交の装いが出ています。きものは小紋と御召と見え、帯は片側帯かなごや帯でしょう。絞りや染め帯、小さな柄の織り帯も合わせられています。そして、豪華な礼装には「丸帯」、簡略化した礼装（訪問着など）には「袋帯」、カジュアルなきものには「なごや帯」という装い上の「帯の棲み分け」ともいえる使い分けが定着してきます。前後しますが、大正八年の『婦人画報』には、現在の袋帯の二重太鼓に通じる結び方が「新案結ばぬ帯の締め方」として、「大妻技藝女学校長 大妻一恵女史の立案」という見出しで出ています。この頃すでに、丸帯とは違う帯の締め方が求められていたことを表しています。

そして現代は袋帯全盛の時代といえるでしょう。それは訪問着がほぼ万能の装いに適っている現状と符合しています。丸帯とほとんど変わらない模様と織り方の袋帯と、趣味的な装いでカジュアル感があっても絵羽模様になっている、「おしゃれ訪問着」にふさわしい、いわゆる「しゃれ袋帯」が豊富に揃っています。

13 半衿がおしゃれの最重要ポイントだった頃

現在、半衿は襦袢の衿に掛けて、汗や化粧汚れが地（本）衿に付くのを防ぐ役割を果たす布を指しています。ところが、半衿というのは初め、きものの地衿を髪油やほこりなどから守る役目の、きものの衿に掛ける掛け衿を言っていたようです。江戸時代の風俗考証の書『守貞漫稿』には、庶民の服装について、「綿入れや袷のきものに黒繻子やビロードの掛け衿をする」ことが記され、その掛け衿を「三都（江戸、京、大坂）ともに半衿とも言う」と書いています。現在では掛け衿はきものの共生地を用いて共衿にするのが普通ですが、かつては必ずしも共生地ではなかったことのルーツがここにありそうです。そして、半衿の役割は地衿の汚れを防止するのが主目的でした。ですから、汚れの目立たない黒繻子や黒ビロードを用いたのです。江戸時代の婦人の髪型はもちろん結い上げた日本髪です。日本髪には形を整えるために油を使います。油は埃を吸い寄せ、衿に付くと油汚れとなります。半衿を掛けておけば、その部分だけを取り外してこまめに洗うことができ、きものの衿周りの清潔が保てます。

絞り染の半衿を広く見せた使用例

丸髷に幾何柄の小紋か御召を着て、帯を胸高に締めた若奥様の姿で、半衿は絞り染のように見えます。抜き衣紋からキュッと詰めた衿元へのカーブがキリリとして、容姿を引き立てています。おしゃれな方なのでしょう、袖口から裏地の小紋柄がのぞき、指輪が3つも見えます。

『婦人画報』大正9年10月号（ハースト婦人画報社 提供）

次に、襦袢の半衿について考えます。江戸時代、日本髪のデザインがしだいに大きく華やかになるにつれ、後ろにたぼが伸びて後ろ衿の内側に付くようになります。そして衿をぐっと抜く着装になります。すると衿の内側に髪油が付くことになり、襦袢の衿の汚れ防止のために半衿が必要になるのです。初め、実用本位の襦袢の半衿でしたが、おしゃれ心のある方は顔近くの目立つ部分にある半衿を放っておくはずがありません。ここに、半衿による「衿元のおしゃれ」の出番が来たのです。もちろん、はるか昔の平安時代に襲色目による衿元のおしゃれは花開いていましたが、それはほんの一部の限られた貴族のものでした。ここに蕾がふくらみ始めたのは一般庶民の服飾の上のことなのです。日本髪は日本女性を品位と華やかさの両方でみごとに彩る優れたヘアスタイルです。このヘアスタイルとの相乗効果で半衿の美が花開いていきます。

明治時代の半衿のおしゃれ

明治時代、襦袢の半衿はどのようだったのでしょうか？　東京を例に進めます。江戸末・万延元（一八六〇）年に生まれ、明治に東京女学館の創立に加わり、昭和まで女子教育に生きた西田敬止《けいし》の一文がありましたので紹介します。東京では山の手と下町では身なりに相当の違いがあり、「山の手は武家風が残りすべて控えめで質素、下町は町家風で万事が派手」とあります。ここで明治にも引き継がれたであろう江戸後期の半衿素材の格について記します。先述の『守貞漫稿』には、「礼装には白綸子、晴着（盛装）には白あるいは染め綸子・織紋の類、縮緬を用いることはまれ」とあります。これは正・盛装の場合を言っていますが、普段着の場合は「もっぱら縮緬、京坂は黒ビロード、黒繻子の無地、あるいは黒縮緬に白糸の細小の刺繡、黒地細密の模様染め」と京・大坂について述べ、江戸では「紫絞り、あるいは紫鹿の子絞りの類、型染は用いず」とあります。さらに三都とも若い娘は「緋色の鹿の子、緋絞り、無地緋縮緬、緋縮緬に刺繡」で、緋色は若い娘を象徴する色だったことが分かりますし、フォーマルと普段着の生地と染めの使い分けがよく分かります。

そして明治十九（一八八六）年に半衿卸商として京都に創業した「荒川益次郎商店」（現「荒川」）の『荒川百年史』によると、明治三十九年には友禅半衿全盛となったということです。ところが、大正五（一九一六）、六年頃には下火となり刺繡半衿の流行が続くことになります。

大正時代の半衿のおしゃれ

さて、大正時代は半衿全盛の時代と言えるでしょう。豪華な刺繡、手描き本友禅の逸品、総絞り、凝った友禅と絞りに刺繡を加えたものなど多種多様な半衿が作られ、あたかも半衿が衣装の中心に躍り出たかのような勢いを見せたのです。老舗和装小物メーカー「加藤萬」創業者の加藤萬治筆「大正の半衿」（『大正のきもの』近藤富枝責任編集 民族衣裳文化普及協会）には、地味なきものの好みが続いた明治時代は半衿が唯一華やかさを見せるポイントでしたが、大正になるとファッションをリードした「三越呉服店」に半衿小物売場が開設されるほど半衿需要は拡大し、次々と新しいデザインが発売されて好評を博した様子が記されています。歌舞伎役者のちなみ柄、エジプト模様、御大典にちなむ模様、宮中歌会始の勅題模様など様々な模様が作られ、おおむね、「東京は大柄を好み、大阪は小柄を好んだ」そうです。新奇で派手なものをためしに作って売り出してみると、東京ではすぐに売り尽くしても、大阪ではさっぱりで、やはりおとなしいものがよく売れたとは意外です。進物にも重宝され、また、贈られる側も喜んだのです。半衿は数多く持ち、常に衿元を清潔に保つように掛け替えたいはずですし、きものや帯との調和を考え、顔に最も近いおしゃれの要として大きな役割を果たしていました。

関東大震災後に激減した半衿需要

それが一転したのは関東大震災後だったといいます。この大災害の後には日本髪が激減し、洋髪となった姿には、もう衿を大きく抜いて半衿をたっぷり出したスタイルは不釣り合いとなり、半衿需要は大きく変わりました。その後、昭和の戦争が始まり、そして敗戦に終わり、戦後の女性の急激な洋装化にともない、きもの需要そのものが激減してしまいました。その後は半衿のおしゃれに気付かず、もっぱら白い塩瀬一辺倒になります。そこに登場したのが池田重子コレクションの重厚華麗、迫力ある上品な趣の半衿の数々でした。

きもの愛好家は目を見張ったのです。

ところが、身近に半衿のおしゃれを楽しむ人の無かった世代には、刺繍や染めの半衿のきものとの合わせ方が不慣れなためちぐはぐになることも多く、過渡期の様相を呈しています。ですが、半衿のおしゃれに若い方の関心が高くなっていることは嬉しいことです。フォーマルなきものには上品な刺繍の物を選び、普段着の紬などでしたら織物の半衿や小紋染の半衿も素敵です。但し、黒地の半衿はよほどのきもの通でない限りしっくり合いませんのでご注意ください。

現在は、普段は白塩瀬の平凡な半衿を用いても、成人式や婚礼の列席、七五三など特別な日には刺繍の半衿を用い、普段のおしゃれには小紋半衿を用いるなどしておしゃれを楽しむ人が多いようです。また、男性の半衿は、塩瀬、羽二重、黒八丈、琥珀織などが用いられて男性のおしゃれの要となっています。

14 絞りは戦国武将にも愛された

日本の絞り染の源流が正倉院宝物の纐纈《こうけち》にあることはよく知られているところですが、毎年のように奈良通いをして正倉院展を鑑賞してきたにもかかわらず、纐纈の作品を見たのは何回もありません。見ることのできた纐纈は麻の袍《ほう》という衣服で、今でいえば雪花絞りのような板締め絞り技法と解説されている一点でした。もとは紅染だったとのことですが、その色はすでに千年の時のなかに放たれていて、かすかに残る色を頼りに紅色の麻の衣服をどのような方が着たのかを空想するのは楽しいことでした。ほかに一目絞りあるいは鹿の子絞りの源流かと思われる作例だったのは綾の几褥《きじょく》（机の上にのせる敷物）の裏布でした。

その後、平安時代の風俗のわかる、大阪・四天王寺所蔵の国宝「扇面古写経」に絞り染の洗濯ものを干している女性が描かれていることを知りました。木と木の間に渡した竿に藍染と思われる絞りの衣を干している姿で、着ている衣も絞り染でした。また、室町時代に描かれた「高雄観楓図屏風」（東京国立博物館蔵）には辻が花のきものを着て紅葉の下

鹿の子絞りの昼夜帯を締めた少女の姿

大正11年に40歳の若さで没した日本画家・栗原玉葉が描いた作品です。きものは白地に大きな蔦の葉がにじんだように染められて、衿と身頃の模様が縫い目を渡ってつながっていますから絵羽模様のきもので、肩あげがありますから少女です。帯は桶染と思われる染め分けに鹿の子絞りが見える昼夜帯です。

 『婦人画報』大正3年6月号（ハースト婦人画報社 提供）

にゆったりと座り、和やかに談笑しながら赤子に乳を含ませる母の姿が描かれています。この頃はまだ絞り染は庶民の用いるものだったのでしょう。同じ頃上級武家は公には着用していなかったといわれていますから。ところが絞り染は一躍支配階級の用いるところとなります。それは旧来の権威と価値観を打ち破って台頭した戦国武将が好んだからでした。

戦国武将の好んだ絞り染と慶長小袖の絞り

武将のきものを特集する際に見落とすことのできない遺品に、有名な豊臣秀吉ゆかりの「桐《きり》矢《や》襖《ぶすま》文様辻が花胴服」（京都国立博物館蔵　重要文化財）があります。絞りで波形に染め分けた肩は紫地に桐紋、裾は緑地に矢襖模様、間は白地に桐模様がおおらかに配されているのですが、すべて絞り染で表現されていて見事なものです。また、上杉謙信所用の小袖や徳川家康所用と伝えられる羽織、淀君の小袖として伝えられる華やかな絞り染の遺品も広く知られています。いずれもデザインや色彩は美麗で、ことに秀吉、謙信、家康ゆかりのものはこれを男性が着たのだろうかと目を見張るほどのあでやかさです。当時の染色技法のなかで絞りは華やかな表現に最も適していたことを教えてくれますし、おおらかでみずみずしい作例が数百年を隔てた現代の私たちをも魅了してやまないのです。

江戸初期の慶長小袖に見られる模様はたびたび特集に取り上げられていますが、全体を埋め尽くした模様に用いられている技法は刺繡と鹿の子絞りが中心です。鹿の子絞りは手間のかかる技法で品物は高価であるにもかかわらず江戸期を通して人気があったらしく、それを戒める「鹿の子法度」が出されるほどでした。最も価値が高いとされたのは「総疋《ひっ》田《た》鹿の子」で全体を鹿の子絞りで埋め尽くしたものです。手仕事の高度な技の結晶ともいうべきものでありながら、そこにいかめしさはなく、女性らしいしなやかさを感じさせてくれます。そのため婚礼衣装に多く用いられるようになりました。

合成染料の普及が絞り染を身近なものに

明治時代に入っても絞り染の人気は続き、きもの、帯、帯あげ、半衿、日本髪の根元に巻く手絡《てがら》に多用されました。帯は昼夜帯（表側と裏側が違う生地の帯）の表側の生地にさまざまな模様絞りが用いられました。ドイツ製の上質な合成染料が輸入され、その扱いに慣れた呉服業界は盛んに染め物に用いて、それまでの草木による染色では叶えられなかった華やかな色彩の商品を世に送り出しました。

また、花嫁の振袖姿では大正時代の写真に疋田鹿の子で絞り詰めた地に、地抜きで光琳松模様を表した驚くべき衣装がありました。しかも二枚襲で、袖のあたりには小さな絞りの列が生地に斜めに並ぶのが見て取れます。この微妙な凹凸が平面の生地に重厚感と風格を添えているのです。

例年夏の花火大会やお祭り、縁日にはゆかた姿が行き交います。ゆかたに代表される木綿の絞りを得意としたのは、江戸時代から伝統をつなぐ名古屋市の有松・鳴海地区です。ここで作られて名高かったのは東海道を行き交う旅人の土産物として売り始めた絞り染の手拭いでした。広重の「東海道五十三次」に描かれるほど人気があったようです。土地の旧家・竹田嘉兵衛商店は、現在も浮世絵に描かれたままのたたずまいで絞りをはじめとした呉服業を営んでいます。有松・鳴海絞りは木綿絞りの筆頭で、さまざまに工夫された絞り技法を駆使した品々が作り出されています。

昭和五十年代の大流行から現在まで

昭和四十年代から五十年代は戦後最大のきものブームに世の中が沸きました。五十年代初めの〝花嫁修業〟（当時はこの表現がありました）のお稽古ランキングの上位に「着つけ」が入るほど、若い女性がきものに注目した時代でした。戦後のベビーブーム世代がちょうど〝結婚適齢期〟（この表現もよく使われました）の頃で、東京の有名結婚式場では一日の挙式が五十組という今では考えられない数を記録しています。披露宴に招かれた若い女性は振袖を着るのが普通で、そのなかには華やかな絞り染を着ている方も大勢いました。五十年代は絞り染が大流行したのです。振袖に限らず絞りと刺繡を組み合わせた豪華な訪問着や総絞りの羽織も、きものを着る方は必ず一枚は持ったと思われるくらい多くの女性の衣生活を彩りました。

最近では絞り染のきものは高尚な趣味のきものとして愛好されています。軽くて暖かく、着姿は女らしく優しげなのに風格と品位を感じさせるところに魅力があるのでしょう。また、デザインに重きを置いて軽やかに表現する作風が好まれているようです。

筆者の世代でしたら牡丹色や紫色の総絞りの羽織がタンスに眠っているかもしれません。袖丈も長めですから羽織のままでは着用機会がほとんど無いのです。ですが総絞りは高価なものですし眺めているだけでもうっとりするほど手わざの美が感じられるものですから捨てるわけにいきません。その場合はコートに仕立て直すとよろしいのです。コートは洋服の場合でも年齢に関係なく華やかな色に違和感がありません。優美な感触の素敵な和装コートができあがります。

15 御召は奥様の最上級の普段着

例えば、結城紬や大島紬は産地の名前に織物の種類を重ねた名称ですし、更紗や唐桟《とうざん》は舶載された際の積出港に由来する名称と聞きます。では、御召にはどのような名称の由来があるのでしょう。伝えられているのは、徳川十一代将軍家斉《いえなり》が好んで着用したため「将軍様の御召物」から、同様の織物を御召と呼ぶようになったというものです。将軍家斉がことのほか好んだのは納戸地に白で細かな格子を織り出したもので、これを「お留め柄」としたことも知られています。では、それ以前はこの織物はなんと呼ばれていたのかを探ってみます。

まず初めに御召という織物について簡略にお話しします。御召は御召縮緬の略称で、生糸を用いた絹糸に強く撚《よ》りをかけて緯糸《よこいと》とし、織り上げたのち湯もみをして縮ませ、いわゆる縮緬シボというシワを出すのが特徴です。このシワの凹凸から光線の加減で深みのある艶が現れ、それが魅力になっています。この絹糸に撚りをかける織物技法は安土桃山時代に明《みん》（現在の中国）から大坂の堺に伝えられ、その後西陣で門外不出の技法として長く

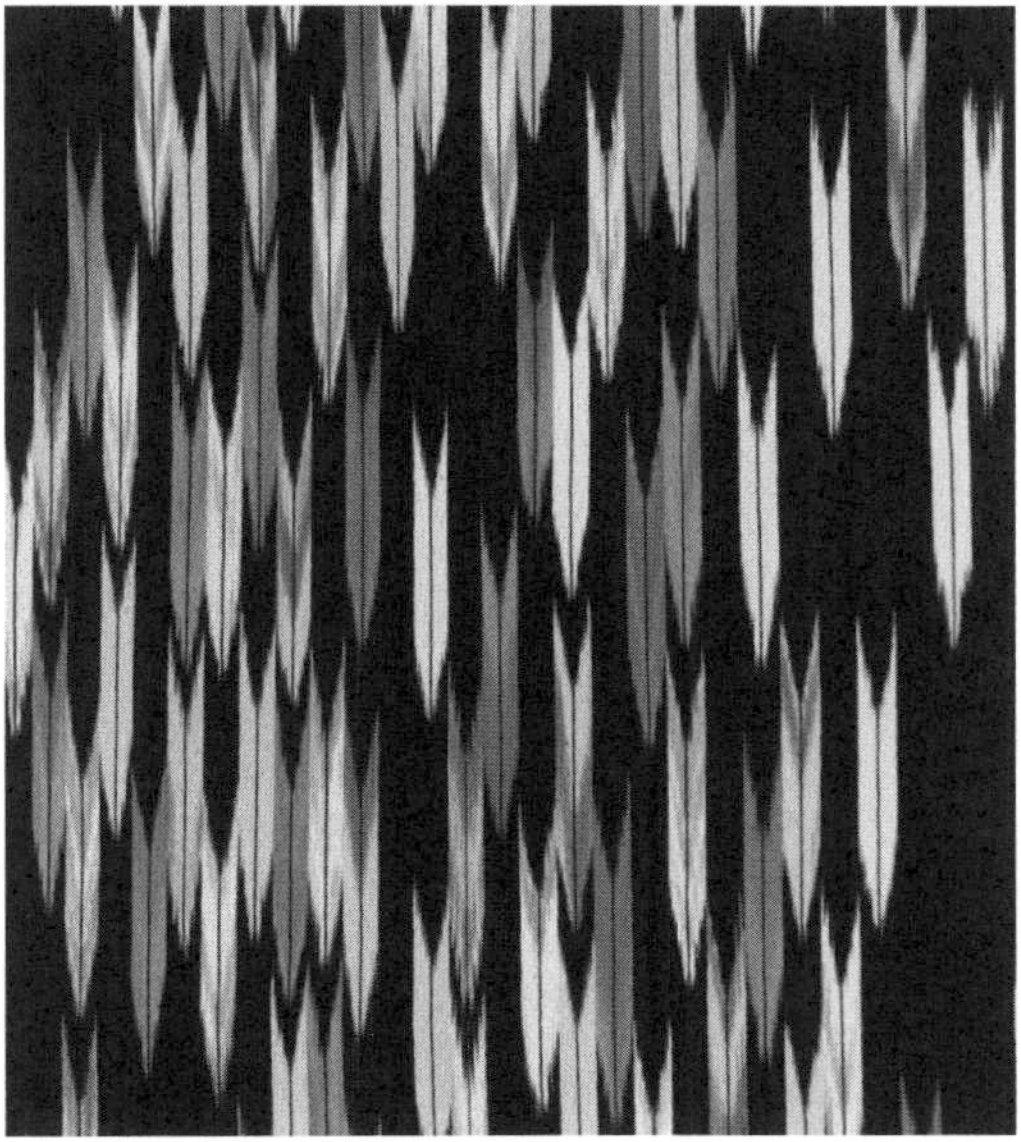

西陣御召の代表柄・矢絣のきもの

時代劇を見ると、城で働く若い奥女中のきものはたいてい白地に大きな紫の矢絣のきものです。また、明治、大正から戦前には良家の奥様で御召を持たない方はなかったといいますから、大流行したアイテムだったのです。写真は昭和40年代の西陣御召で、『美しいキモノ』在籍時の筆者が取材後に求めた1枚。

 筆者所蔵

保護されてきました。糸に強い撚り（一メートル間に二千五百回ほど）をかける織物は二種類あり、おおまかにいうと、糸の時点で染めを施して織り上げるものを「御召」と呼び、糸は染めずに織り上げたものを「縮緬」と呼んでいます。

はじめ御召は柳条縮緬《りゅうじょうちりめん》と呼んだといいます（『西陣史』佐々木信三郎著　芸艸堂）。それは細長くしだれる柳の枝の意で織り筋（縞）を表しています。

井原西鶴と為永春水の作品に見える江戸時代の名称

家斉よりも百五十年ほど前の江戸前期の人、井原西鶴の『好色一代男』中に、「織出しの嶋縮緬、貴様にきせたらば～」という部分があることを本吉春三郎氏（『美しいキモノ』創刊以来の執筆者で、きもの研究家）が指摘されています。つまり江戸前期には御召は「織出しの嶋縮緬」とされ、民間でも着ていたようです。

また、北村哲郎氏（東京国立博物館名誉館員）は江戸後期の人、為永春水の『春色恋白浪《しゅんしょくこいのしらなみ》』中に「鼠色の御召縮緬に黄柄茶の糸を以て小さく碁盤格子を織出したる上着、裾廻しは～」とそのあと「下着は極上々の黄八丈を三つ重ね～」とあることから、江戸後期には御召の名称が使われ、流行が女物にも及んだことを『日本の織物』（北村哲郎著　源流社）で指摘されています。

明治時代の風通《ふうつう》御召の格調と縞御召へのお墨付き

無地、縞、細格子の男物から始まった御召でしたが、明治時代に入るとジャカード機による紋御召の開発や小紋（現在の江戸小紋）のような緻密な柄の風通御召も作られ、その格調高く整然とした趣と上品な光沢、着心地のよさから爆発的大流行となりました。また明治三十八（一九〇五）年、日露戦争勝利後のこととして、丁子柄が西陣明治末を飾る大流行となったとあります。それは日本海海戦で東郷平八郎元帥のとった「丁子戦法」が劇的勝利に結びついたことと関係あるのかもしれません。

さらに、御召が大流行となった理由のひとつは、明治時代も後半になると女性が社交の場面にしばしば出るようになったこともあるでしょう。それは、明治という時代には日本が世界の舞台に出たことから、多くの人々と付き合わざるを得ず、女性も家に引っ込んでばかりいられなくなったのです。そのうえ女学生の増加とそこから生まれる多様なネットワーク、上流階級を中心とした社交の場面も増加しました。

明治四十五（大正元）年『婦人画報』十一月号の「流行」という連載ページでは、「御訪問用の気の利いたものは、お召」で、「織り出しあるいは縫い取り」がよいと記されています。また、大正五（一九一六）年の一月号中に、のちに日本女子大学の学長となる井上秀氏の「儀式の服装」という一文があります。なかで、貴人臨席の場合は五つ紋付裾模様の二枚襲、貴人のいない通常の社交の場面では「縞物かそれに類するものでよろしい」とあり、同時に紋付羽織を用いても差し支えない旨が記されています。これは当時第一級の有識者からの縞（御召）への「略礼装として着用可能」のお墨付きでありましょう。実際、多くの社交の場面で縞御召が着られたことはアルバムに残る写真から分かります。

昭和の戦前まで裕福な方々に圧倒的に愛好された御召の流行について、先述の北村氏は「長い間、御召は高級着尺の筆頭で、このきものを一枚ももたない奥様はなかった」と、語っています。

現在は西陣御召のフォーマル感のある紋御召や縫い取り御召の新作をはじめ、小絣に特徴のある本塩沢、桐生の縞御召、板締め絣が特徴の山形県の白鷹《しらたか》御召などが市場に出て、人気復活の気配があります。

16 中形ゆかたと鏑木清方《かぶらききよかた》画伯のゆかり

ゆかたを着たからといってさほどの涼しさは得られず、「かえって暑い」というのがゆかた着用者の正直な感想ですが、「日本の夏の風情」を楽しむとなると話は別です。温度計では測れない視覚的涼感を味わうためにも、ゆかたも着ずに夏を過ごしてしまっては、日本に生まれたかいがありません。

さて、古く貴人が湯あみ（蒸し風呂）の際にまとった湯帷子《ゆかたびら》がゆかたの語源とされていますが、室町末期頃には湯あみ後に身を拭ったり汗取りにも着たところから「身拭い」とも呼ばれていたようです。ちなみに手を拭うのは「手拭い」と今でも呼びます。この湯帷子はたもとを縫わない広袖仕立てで、貴人が湯上がりのほんのひととき着たものでした。それがしだいに一般に広まり、江戸時代には木綿の普及とともに、夏の庶民の衣類として多くの人の好むところとなりました。木綿はさっぱりとした肌触りのうえ、藍染の色が抜群に映える素材で、庶民の夏に欠かせない夏衣となったのです。

中形ゆかたの種類と特徴

中形ゆかたのなかで最も古くからあるのは「長板中形」で、江戸時代の生まれです。歌川広重の『名所江戸百景』の中に「神田紺屋町」という名作があります。現在でも東京の神田に町名が残っていますが、「紺屋（染め物屋）」の高く組んだ櫓《やぐら》に翻《ひるがえ》る中形の向こうに富士山を望む図柄です。シンプルな繰り返し柄でゆかたとは思われないのもそのはずで、竺仙社長・小川文男氏によれば「当時は手拭いも長板で型付けしていましたから、これは手拭いの翻る様子」とのこと。神田紺屋町には大正初め頃でもまだ数十軒の中形工場があったといいますが、皆、隅田川をさかのぼって埼玉方面に移りました。昭和初めの長板中形の製造工程を見ると、①図案家が下絵を描くところから始まります。令和元(二〇一九)年、国立近代美術館で四十四年ぶりに「築地明石町」が公開された鏑木清方画伯はまだ修業時代に、「(東京の）久松町にあった寺尾という型紙屋から頼まれて中形の下絵を描いた」ことと「記憶のなかのきものといえば（江戸）小紋と中形にとどめをさす」と滋味深く随筆『続 こしかたの記』に書いています。中形の製造工程の続きですが、②伊勢の型紙彫刻師が型を彫り、③型紙は型付け屋のもとに届きます。④型付けの様子は、低い位置の長板に中腰で型付けする作業、⑤紺屋で藍染の済んだ生地は舟で川中に運ばれ、水洗して糊を落とし、乾かして整理後出荷します。ゆかたは限られた時季のものですから従業員・家族総

綿紅梅の中形ゆかたを着た避暑地の若奥様

娘時代にはゆかたも振袖で着ていたはずの裕福な家の若奥様が綿紅梅の中形ゆかたにひとえ帯を巻き、三分紐で留めています。左手薬指にルビーの指輪、右手中指にも指輪をしています。背景に木立とトンボ、ハンモックが見えますから避暑地ののどかな情景です。明治末、避暑は社交界の流行だったようです。

 『婦人画報』明治42年7月号（ハースト婦人画報社　提供）

出で一心不乱に働いたであろう様子がしのばれてすがすがしいものです。

注染《ちゅうせん》中形と籠《かご》付《づ》け中形

注染中形は、白木綿を折りたたみながら、幅四十センチ、長さ九十センチほどの型紙を用いて、謄写版のように糊を付けます。生地を注染台に置いてジョウロのようなもので染液をドクドクと注ぎ、コンプレッサーを使って染液を浸透させます。簡便な方法に思われますが、ゆかたの自由奔放な色柄に適応するよう工夫が凝らされた、優れた染色法といえるでしょう。注染は染液を注いで染めるところからの命名で、折りたたみながら型付けをするところから「折り付け中形」とも、手拭いも同様に染めるため「手拭い中形」とも呼ばれます。発祥は明治末の大阪といわれて「阪中《はんちゅう》」の名もありますが、盛んに作られるようになったのは大正からです。

籠付け中形は、長板中形の模様が細かくなるにつれ、手間の掛かるその工程の生産性を高めるために考案されました。浜松で生まれて東京に伝えられたのは大正時代といわれます。籠というのは直径十六センチ程度、長さ三十八センチくらいの真鍮《しんちゅう》製の空洞の筒のことで、模様が透かし彫りになっています。この二本の筒（ローラー）が接触回転する間を生地が通るときに、両面に糊が置かれる仕組みです。糊が乾いたら、染液のなかをくぐらせて浸染し、空気に当てて酸化発色させ、水元《みずもと》します。多くは整然と並ぶ割り付け模様で、江戸の粋に通じる品の良さがあり、キリリとした紺色で表裏別々の模様を染められるのも特徴です。現在、新作が作られなくなったのは、生産性の高さがかえって現況に合わなくなったためですが、長板でも注染でも出せない、粋でいなせな日本男子の夏姿に欠かせないゆかたといえるでしょう。

明治からのゆかた流行の変遷

明治末期には友禅染かと思うほどの、立派な小袖写しの絵羽模様が染められた、社交着のようなゆかたが作られていました。また、現在は途絶えていますが、「摺り込み中形」というカラフルな摺り染のゆかた。さらに型友禅の染色法をゆかたに応用した両面染の「写し糊中形」が流行のきざしで「友禅中形」あるいは「木綿の両面友禅」のぜいたくなゆかたに進歩していたようです。幕末にもぜいたくなゆかたが出現したらしく、筆者が最初に原稿をいただいたきもの研究家・本吉春三郎氏が江戸風俗研究家の三田村鳶魚《えんぎょ》の「安政四(一八五七)、五年の頃には紺地のゆかたに三ツ紋を付けて着るのが流行」を引き、天保の改革以降、絹の着用禁止となった庶民が木綿ゆかたに贅を凝らした様子を教えてくださいました。

大正から昭和の戦前は注染中形の最盛期です。湯上がりに着るだけでなくしだいに高級生地に染めたハイカラなものも作られました。モダンで凝った味わいのものは帯〆、帯あげを着けて（襦袢は着けず）外出着にしていたようです。戦後は伝統ゆかたの紺の地染まり・地白を中心にカラフルなゆかたも登場し、各地の花火大会やお祭り・縁日などで、若い方がファッションの一アイテムとして着用するようになりました。最近は外国人のゆかた姿も増えています。これからも各地でさまざまなゆかた姿が見られることでしょう。

私は長い間、東京の隅田川の花火大会の日、その年のゆかた流行の実際を知るために「ゆかたウオッチング」を続けていました。白地に紺の柄、紺地に白い柄などの江戸好みのゆかた流行の年もあり、また、歌手の浜崎あゆみさん全盛の頃は膝までの短いゆかたに重たいほどのネックレスをジャラジャラと巻いたお嬢様を大勢見かけました。ゆかた姿の足元は素足に下駄が基本ですから、ペディキュアはおしゃれのポイントです。白、赤、黄色、水色、緑色など違う色で塗り分けた指が下駄に映えて可愛いものでした。

17 越後縮は上杉謙信の形見

　各地の織物の始まり、あるいは歴史を語る際に、よく『風土記』『古事記』『日本書紀』などの上古の資料の記述を例に挙げているのですが、「越後の麻織物」は記述ではなく実物を例に挙げることができます。それは、どなたもご存じかと思いますが、奈良の正倉院に残る「麻布」です。屏風の袋の断片ということですが、その布に以下の墨書のあるところが知られており、その文字は麻布と越後との関係を教えてくれます。朝廷に庸布（税の一種）として納めたことを示す文言で、今の言葉で言えば「納税者の住所氏名、納品」が書かれているというものです。「越後国久疋《くびき》郡夷守《ひだもり》郷戸主肥呰人麻呂《ひきひとまろ》 庸布 一段」。久疋郡夷守郷は「昭和の大合併」以前の中頸城《なかくびき》郡美守《ひだもり》村で、十日町市隣接の現在の上越市。古くからこの地では朝廷に納められる麻布が作られていたことが分かります。もっとも、『延喜式』（延長五〈九二七〉年完成の古代法典）には、北は陸奥・出羽から、南は薩摩・大隅までほとんどが麻布を税として納めているとありますし、筆者が毎年通っていた頃の正倉院展では「信濃国」から納めた墨書のある「調布や布袋《ふのふくろ》」が何種類か展示されました。

麻は日本中どこにでも自生し、織物の材料として重宝され、江戸時代に木綿が普及するまでは、この国で最も活用された庶民の素材だったのです。

話は少し飛びますが、中世、源頼朝が将軍就任の際に鎌倉に下ってきた朝廷の勅使が都に戻る際に持たせた多くの贈り物のなかに、「越布千端（反）」が入っているという『吾妻鏡』の一文も産地では広く知られています。将軍就任という最高のできごとの返礼に用いるほどの価値ある織物だったことを示す記述と言えるでしょうし、産地ではそれを誇りともしているのです。その後も、越後の守護・上杉氏からは度々朝廷をはじめ織田信長や豊臣秀吉など権力者への贈答品として用いられています。もちろん、越後布とともに材料の青苧《あおそ》も越後の特産として名高かった時代でした。ところが、秀吉の時代に上杉氏は会津（庄内、置賜など含む）百二十万石に転封となり、なんと青苧生産は思いもかけず上杉氏とともに会津に移ってしまったのです。したがって越後では青苧生産はしぼみ、青苧を会津に頼ることになりました。その後、上杉氏が米沢に移るとその巧みな奨励策で、米沢地方の青苧生産は飛躍的に伸び、高い品質の青苧のほとんどが奈良に運ばれ「奈良晒」の材料になったということです。最盛期（一六七三年頃）、奈良晒は年産四十万反の記録があり（『越後のちぢみ』西脇新次郎編著　児玉彰三郎筆）、奈良と越後の麻布生産の多寡は逆転していたのです。

麻の縮を着た貴婦人の夏姿

モノクロ写真ですが、見るからに涼やかな風情を感じさせる、真夏のカジュアルスタイルと言えるでしょう。きものは縮織りらしく少しシボの立った地風で鰹縞が織り出されています。帯は定かではありませんが明るい地色で、帯留がくっきりとアクセントになっています。衣紋をあまり抜かない上品な着方です。

 『婦人画報』大正15年11月号(ハースト婦人画報社 提供)

越後縮の誕生と播州明石とのゆかり

名高かった越後麻布が奈良晒の後塵を拝している頃、産地ではこの苦境を突破する新技術・新製品の開発を模索していたようです。前述しましたが、そこに、現れたのが「播州明石の浪人・堀《ほり》次《じ》郎《ろう》将俊《まさとし》」と語り継がれている人物。伝説上の人物のように語られますが、そうではないらしく、江戸初期、播州明石藩の城主・松平信之の治世下（万治二〈一六五九〉年着任、在城二十一年）の家臣でれっきとした侍。侍でありながら織物の心得があり、城下の「茶園場」という地域の入り口に織り場を設けて、盛んに織物を研究したことが『明石市史』に記されています。この基になった文献は大正時代の儒学者・橋本海関《かいかん》（日本画家・橋本関雪画伯の父）の著した『明石名勝古事談』。松平家治世になる三十年ほど前、信濃・松本城主から移った明石城初代城主・小笠原忠真の頃、船大工の娘・お菊という利発な子が、父親が鉋《かんな》で削る木くずのちぢれているのを見て、糸を縒《よ》ることを思いつき、「縮織り」を考案開発したというのです。これ以降、縮織物は播州明石の名産となり「明石縮」として名声を得ます。

さて、堀次郎将俊は明石名産の縮織りを研究していたようで、橋本海関説によると、「堀将俊は、上質の縮を得るためには雪が必要だと考え、家族での越後行き」を決行したというのです。品質の向上のために雪が必要なのは絹でも木綿でもなく麻のみです。堀将俊は越後・小千谷を目指して、庄屋・西牧彦治右衛門家に身を寄せ、同時に富裕な中町家の庇護も受け、土地の子供たちに文字などを教えつつ縮織りを研究、ついに「越後縮」を完成させたと伝えられます。この縮織りは麻布の改良のみならず、他産地の麻布との差別化ができ、以来、越後縮は飛躍を見ることになります。産地での堀将俊への崇敬の念は厚く、堀を明石様と呼び、「明石堂」を建立して中に「明石次郎初織りの縮」を宝物として祀り、毎年行事を欠かしません。さらに昭和の世になってすぐの三（一九二八）年秋の叙位叙勲で、宮内省から「故堀将俊」に正五位が追贈されています。

この明石次郎・堀将俊については小千谷市の老舗縮卸商で郷土史研究家の西脇格太郎氏が「明石次郎の姿を追って」という論文の中で実在を疑う調査・研究を発表しています。

武家の式服に採用されたことと庶民の日常の衣服への発展

江戸時代からの越後での麻織物の分布は、およそ雪深く冬は農作業が不可能な魚沼地方が中心です。作業は青苧から苧麻糸を作るのに手間が掛かり、糸は極端に繊細な性質から高機に掛けることが難しく、地機に頼るほか無いため、雪国人の根気強さが味方したこともあるでしょう。そして何といっても上質の地風を得るために雪の力が必要だったのです。また、現在の高級ブランド米「魚沼コシヒカリ」産地としては意外なことですが、江戸時代、魚沼地方の米は評価が低く、年貢の一部は米ではなく貨幣で納めることを求められていた

（前出『越後のちぢみ』）ために、現金収入が必要だったというのです。上質な越後縮はやがて元禄時代（一六八八〜一七〇四）頃から武家の式服に採用されました。その後需要は飛躍したはずです。正徳六（一七一六）年に幕府御用の縮について「晒し方に不浄の無きよう」との注意が申し渡されているといいますから、この頃すでに幕府の御用を受けていたことが分かります。そして明和（一七六四〜一七七二）、安永（一七七二〜一七八一）、天明（一七八一〜一七八九）頃が最盛期で、地域一帯で年産およそ二十万反を数えるほどになります。ところがしだいに服制がゆるむにつれ、武家の需要が減少し、明治を迎える頃には年産十万反を切るまでになりました。そして、十日町ではすでに麻織物から絹織物へ大きく舵をきっています。麻縮から絹縮（透綾・明石縮）へと。これ以降、十日町は絹織物の道を邁進します。小千谷も塩沢・六日町も世の中の潮流には逆らえず、多くが絹織物へと転換し、麻織物は需要減とともにしぼむことになりました。明治から大正は日本の国にとっても「絹・生糸」こそが国の基というほどの養蚕・製糸に注力した時代でもありました。ですが、庶民の高級夏衣料としてやはり「越後縮」は欠かすことのできないものでしたが、あまりに手が掛かりすぎるところが難点でした。そこに登場したのが苧麻《ちょま》紡績糸（ラミー）です。素材は苧麻でありながら、紡績糸のために高機に掛けられるのです。ここからが、現在の普及版の「小千谷ちぢみ」と「古代越後上布」の発展につながります。そして、あくまで江戸から続く本製の越後縮にこだわり続けたのが、塩沢の鈴木苧紡庵《ちょぼあん》。

その父・鈴木近蔵の遺志を継いで麻織物の道ひと筋に生涯を掛けた人です。取材時、産地全体でおよそ百七十反しかできなかった重要無形文化財指定の「越後上布・小千谷縮布」のうちおよそ七割を手掛けたといいます。「本製の越後上布」を絶やさぬために、上質な苧麻の確保、苧《お》績《う》みと地機織り職人の育成に力を尽くし、卓抜な技をもって最高級の越後上布を作り続けました。その伝統は現在の南魚沼市に本部を置く「越後上布・小千谷縮布技術保存協会」を中心に多くの方々の努力により守られています。

最後に、『万葉集』の恋歌を記してみます。

「麻ごろも　着ればなつかし　紀の国の　妹背《いもせ》の山に　麻蒔く吾妹《わぎも》」

18 令嬢スタイルの始まり

時代が江戸から明治になり、人々は「さぁ、文明開化の世の中だ、古い昔は脱ぎ捨てて、新しい日本に生まれ変わろう」と思った方も多かったでしょうが、衣服はなかなか一足飛びに変わることはなく、江戸の名残を長く引きずったようです。ただ、最上流の婦人は「正装は洋服」が求められましたから、儀式や社交の会合、例えば女学校の運動会観覧などでさえも、貴婦人はドレスに帽子姿です。その貴婦人の生活について興味深い文章がありましたのでご紹介します。大正二（一九一三）年の『婦人画報』二月号に山脇房子氏（山脇学園創立者）が寄稿した「貴婦人の生活はなかなか窮屈」のなかに、お出掛けの場合は「二三日前から表（家の差配をする役職）に申し出て馬車の用意をする」必要があり、珍しい所へのお出掛けは「まあ、お見合わせ遊ばしたほうが……」などと反対されてしまうのだそうです。衣服も当時の洋服は固いコルセットで胴体を締め付けた上に、ふんだんにレースを使ったデコラティブなドレスを着て、さらに大きな飾りの付いた帽子をかぶるのですから、現在のようにさっと自分で着るというわけにはいかなかったのです。着慣れない洋服

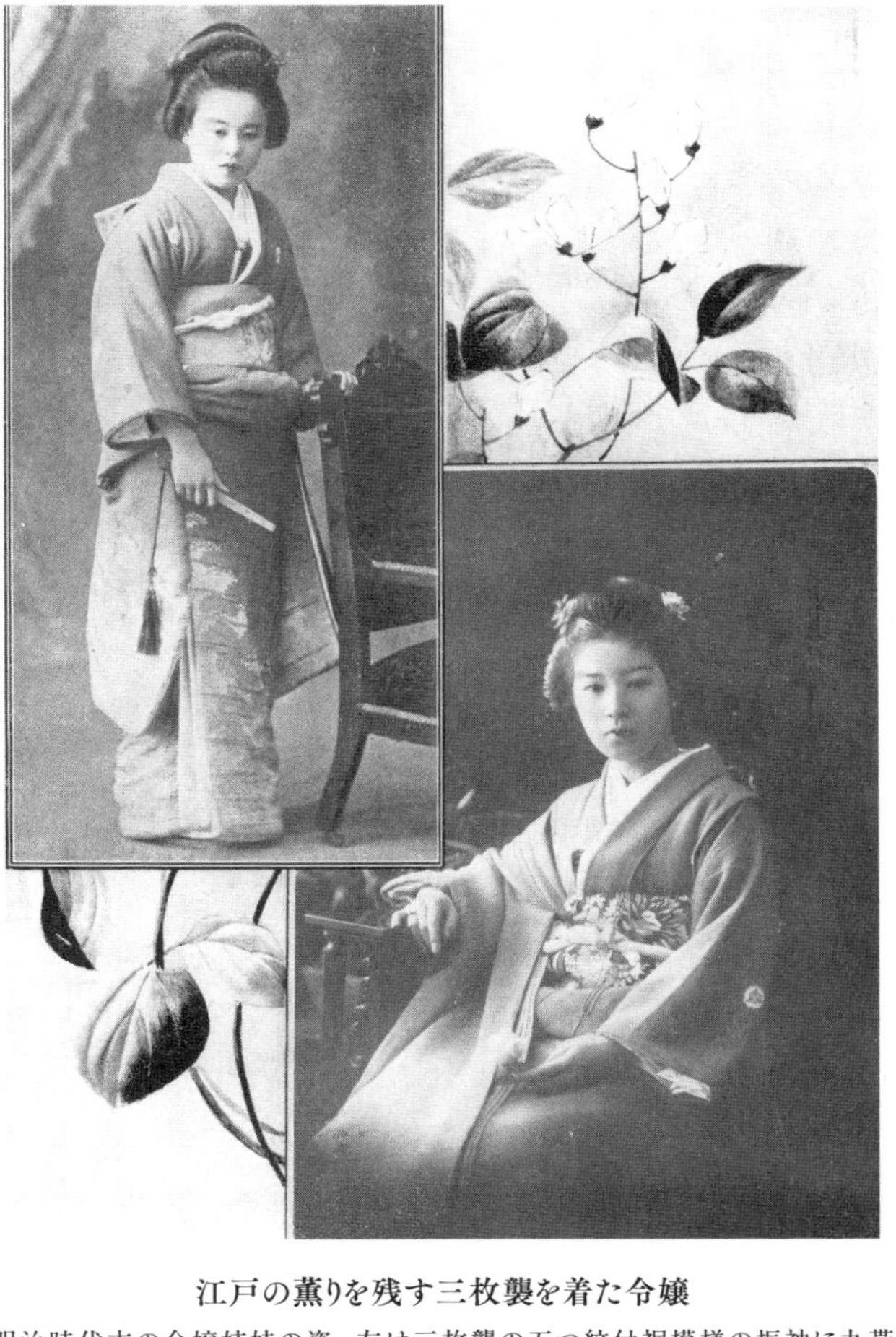

江戸の薫りを残す三枚襲を着た令嬢

明治時代末の令嬢姉妹の姿。左は三枚襲の五つ紋付裾模様の振袖に丸帯を締め、丸ぐけ紐を斜めに結んでいます。帯を立て矢に結んでいるらしく帯あげは見えません。髪は格調高くお嬢様らしい高島田に結い、胸には筥迫、手には房付きの祝儀扇子を持っています。右の妹は三つ紋付の裾模様振袖姿。

 『婦人画報』明治39年11月号（ハースト婦人画報社 提供）

でお出掛けして、帰宅後すぐにきものに着替えると、「あ〜、せいせいとして楽」ということになり、洋服でのお出掛けを厭《いと》う方がいたことも頷けます。また、明治から大正の評論家・内田魯庵は明治初めの婦人風俗について「伊井公侯（伊藤博文公爵、井上馨侯爵）の奨励した女の社交がおんなの衣服の流行を盛んならしめ」、日本では「それまで衣服は持ちの良いのが第一で、糸の目方を最重視して柄は重視しなかった」。ところが、「流行の主役が女学校出身者に移ったことから、好みが上品になり、着方も整ってきた」と書かれています（大正十年『婦人画報』九月号）。明治時代の三枚襲の振袖姿は実に格調高く堂々としています。着つけだけでなく髪型、簪《かんざし》にも江戸の名残が色濃く薫り、日本のゆかしき伝統美を見る心地がします。三枚襲の着装は儀式の服装として定着していたのですが、あまりに贅沢だとか仰々しい、あるいは衣服の軽装化の流れを受けて、第二次桂内閣（明治四十一〈一九〇八〉〜四十四年）の時に禁止となり、それ以降「二枚襲」が儀式の正装となります。

井上秀氏（日本女子大学学長）による「儀式の服装」と題しての文章（大正五年『婦人画報』一月号）は現在でも参考になる内容です。正月の三日間は年始客も多く、またお出掛けの機会も多いので、「五つ紋の二枚襲、瑞福を意味する松竹梅や鶴亀の模様で、黒地が正式」で「衿は白、襦袢は若い人は緋を普通とし、年齢によっては白か薄色、帯は丸帯に限る」とあります。この二枚襲の正装は「三大節（元日の四方拝、紀元節、天長節）という代表的な儀式にふさわしい装いで、その他の儀式や会合でも高位の方が列席の場合はこの装いがふさわしい」とし、「同位の人」の会合や友人とのお集まりには「縞物かそれに類するもの」でよろしいとあります。二枚襲の裾模様と縞のきものではフォーマル感がまったく異なるのが気になりますが、それについては「気になるようなら、紋付の羽織を掛ければよろしい」とのお墨付きがあります。大正時代の縞の流行には、好みだけではなく、権威ある教育者の提言があったのです。

女学生と女学校出の若奥様の好みが流行を牽引

明治後期から大正にかけて大流行したアクセサリーが「頸掛《くびか》け式金鎖の懐中時計」です。今の言葉でいえばペンダントウォッチですが、金鎖が大変長くエレガントです。その頃の英国・ヴィクトリア時代を背景にした映画やドラマに登場する女性が同様の時計を用いていています。日本は英国を手本としていたのですから、影響を受けたことでしょう。そして、髪型が大きく移り変わります。江戸から続く伝統の日本髪が徐々に少なくなりひさし髪が多くなります。ひさし髪は初め「束髪といって、明治十六、七年頃、陸軍軍医で後に代議士になった渡部鼎氏が衛生的見地から創始」（前出、内田魯庵）。渡部式束髪は引き詰めて三つ編みにした髪を頭のてっぺんでぐるぐる巻きにしてピンで留めただけの殺風景な形だったそうですが、しだいにおしゃれの要素と欧風化の時流とが重なって「ひさし髪」

になります。ひさし髪は「日本のおすべらかしと西洋のポンパドールをアレンジした形」（『ファッションと風俗の70年』中「着こなし時代考」早見一十一）。ミッションスクールの女学生から始まり、女学生全体に、そして女学校出の若奥様に広まり、日本中に広まったのです。また、女学生に大人気となったヘアスタイルが「マーガレット」。幅広のリボンで前髪と後ろ髪を結んだ愛らしい形です。漫画の「ハイカラさんが通る」などでよく知られたスタイル。きものでは「銘仙」がやはり女学生から始まって全国・全世代に大流行しました。明治末から大正時代には華やかな「メリンス友禅（型友禅）」が盛んに作られ、こちらも全国で流行します。

大正時代から戦前までは長羽織と刺繍半衿の時代

大正時代には、長い羽織と刺繍半衿が大流行します。明治になるまで基本的に「女は羽織着用禁止」でしたから、「江戸末に羽織を着たのは辰巳芸者くらいでその『素足に羽織』姿は有名だった」（『ファッションと風俗の70年』中「〃きもの〃三代の変遷」安田丈一）。明治・大正時代の絵画や雑誌に見える羽織丈は長いものです。初めはエレガンスよりも防寒の効果が大きかったのかもしれません。刺繍半衿は格調高い吉祥模様の礼装用から普段着用のカジュアルなものまで最高潮の生産となりました。カジュアルなものは刺繍とは限らず、染めもありました。そして、大正末年頃には時代の洋風化を受けて、きものの模様にも洋風が加味されてきます。それ以前とはまったく異なるモダンな模様の振袖も上流階級から広まり始め、ヘアスタイルも江戸の名残の「年齢と身分や立場で決められた髪型」から、自分に似合う髪型や好みの髪型へと動き始めてゆくのです。

19 花嫁御寮の晴れ姿

大正二（一九一三）年（前年は明治四十五年）の『婦人画報』二月増刊号に「三都の婚禮」という特集があり、東京、京都、大阪の中流社会の婚礼風俗が紹介されています。婚礼の儀式には「定まった古式があり」、真行草の三体にそれぞれ上中下の区別があるものの、民間ではたいてい「草の略式」くらいのところで行われているとあります。結納から嫁入り支度のことなどさまざまに記されていますが、ページの関係でここでは衣装と髪型のことを紹介します。

東京では、「黒地高裾模様かぼかし染五つ紋の上着に間着は緋無垢、下着は白羽二重の無垢」の三枚襲という豪華なこしらえが普通だったといいます。ここでいう下着は襦袢のことではなく重ね下着です。また、打掛を用いる場合は「地白や地赤の紋綸子で間着は緋、下着は白羽二重」となっています。三三九度の盃がすむと色直しで「縮緬などの模様もの」に着替えます。髪型は「式当日は島田で翌日になると丸髷《まるまげ》に改め」、「綿帽子はあまりせず、角隠しをする」とあります。島田はお嬢様のための気品高い髪型で、丸髷は奥様の髪型です。

文金高島田に角隠しの打掛姿

文金高島田《ぶんきんたかしまだ》は現在でも和装の花嫁に人気の高い、正統派の格調を伝える優美な髪型で、白い角隠しを着けるのが習いです。写真は二枚襲の掛下振袖に、緋の通し裏を付けた打掛はたっぷりとした蛤褄のふきが裾を落ち着かせています。裾のドレープからは生地のしなやかさが感じられます。

 『婦人画報』大正2年2月増刊号（ハースト婦人画報社 提供）

京都では、当日の式服は「白綾の振袖に金で刺繡を施した上着に間着も下着も白で、色直しに初めて赤を着る」こととし、髪型は初めから丸髷に結い、綿帽子をかぶります。島田に結わず最初から丸髷に結うのは、「結納が済んだら、もう人妻と決まったものだから」というわけなのだそうです。式はたいてい自宅で挙げています。ただ、京都は「町家と在家、商家と勤め人の家とではだいぶ異なり、町家・商家は派手ですが在家と勤め人は質素に行う」ことも記されています。

大阪では、京都に比べると町家が多いため「万事に贅を尽くす傾きがある」もののやや俗で、結納の前に「決め酒」といって一献酌み交わす風習があり、この後に結納となるとあります。式当日の衣装は、地白、地赤の振袖におおむね打掛を掛けます。髪型は丸髷とありますが、角隠しや綿帽子の記述はありません。

この頃すでに大阪の人も東京に住み、京都の人が大阪や東京に出て商売をするのが普通となり、また、地方から都会に出てくる方もしだいに増えて三都の特色は薄くなりつつあったらしいことがうかがえます。

谷崎松子さんの実例から見える大正時代の嫁入り支度

昭和四十八（一九七三）年『美しいキモノ』秋号中の特集「花嫁プランいまとむかし」で、筆者が取材した花嫁の衣装と嫁入り道具の実例から紹介します。昭和四十八年頃といえば、戦後のベビーブーム世代が結婚適齢期を迎え、昭和四十四年、四十五年には新成人人口がおよそ二百四、五十万人（平成三十〈二〇一八〉年は外国人も含めておよそ百二十五万人と半減）という、若者が大変多かった頃です。

「いま」の一般的な実例として、当時名高かったきもの研究家の三田村環さんが、ご自身の姪の嫁入り支度を紹介しています。「むかし」の例としては、谷崎潤一郎夫人・松子さんの「私が嫁いだころ」という一文があります。そこには大正時代末頃の関西の富裕な商家の嫁入りの様子が記されています。まず当日家を出る際に着た花嫁衣装は黒、赤、白の総模様の大振袖三枚襲です。「婚家に着くと白無垢に着替え、三三九度の盃を済ませてのちの披露の席では、総鹿の子の振袖に金襴など織物の打掛を重ね、宴の半ばで色直しをした」とあり、帯小物もすべて取り替えるため、式当日の衣装だけで小袖簞笥一棹が必要だったといいます。現在のように貸衣装はありませんから自宅での保管も大変なことだったでしょう。輿入れも荷送りも「彼《か》は誰《た》れ時《どき》」（明け方）に家を出るのが決まりでした。松子さんは結婚後必要な衣装として「黒留袖、色留袖、訪問着、付けさげ、小紋、織物（結城紬、大島紬、御召）計およそ三十枚、帯は丸帯五、六本、昼夜帯七、八本、羽織は黒紋付、色紋付、絵羽羽織、鹿の子絞り各種合わせて十二、三枚、ほかにコート五枚、長襦袢八、九枚、ひとえ物八枚くらいと薄物十枚以上、夏の織り帯十本程度、染め帯十数本」を持ちましたから、簞笥もいく棹も必要でした。昔の簞笥は引き出しが深く、ゆったり入れても一棹に三十枚以上入ったとありますので、三棹できもの百枚程度は収納できたのでしょう。帯と羽織は小さくたたまず、きものとは別に四尺簞笥に収納したそうです。

また、大正時代に着用された三枚襲の婚礼振袖からは、デザインの迫力に心奪われますし、上から順に黒地、赤地、白地とする重ね方や染め技法の使い分けなど、実例から教えられるところが多くあります。

モダン花嫁、鬘《かつら》・貸衣装、また洋髪で和装の花嫁も登場

戦後の統制が外れて絹が自由に流通すると、きものは堰を切ったように作られていきます。花嫁衣装は有名デパートや一流呉服店でこしらえる方も多く、角隠しの形から振袖の裾の巻き具合まで見入ってしまうほど美しい、典型的な正統派の花嫁スタイルが大勢の方に支持されました。洋服地で作ったきものにベールをかぶった、モダンスタイルの花嫁衣装も作られましたが、それは定着せず、伝統のスタイルが現在に引き継がれています。ただ、ウエディングドレスを着たい花嫁が色直しで振袖を着る場合、鬘を着けるのに時間が掛かることもあって、現在では洋髪で引き振袖や打掛を着る方が多くなっています。結婚式の場所も従来の式場だけでなくさまざまに変化しています。それぞれの好みで選んだこしらえの現代の花嫁御寮がまぶしく見えます。

20 黒留袖は振袖の袂を切った姿

元号が明治に変わる二十六年ほど前の、幕末に行われた天保の改革では、衣服に関しても厳しく倹約が求められ、質素を旨とする衣生活の流れは明治に入っても続いていました。しかし、明治も中頃になると次第に礼装の趣が整ってきます。

「婦人の礼装」は「三枚襲裾模様　黒よりも色物の流行　地色は藍鼠　利休鼠　芝翫茶模様は四君子　紋五か所」(『衣服と流行』大橋又太郎著　博文館)とあり、既婚婦人の礼装に、五つ紋付色裾模様の流行の気配を記しています。ただし、これは婚礼における既婚婦人の第一礼装についての記述ではなく、新春の礼装として記されています。古い写真などを見ると上流階級の婦人たちは、婚礼の場面ではおおむね「黒裾模様五つ紋付」を着用しています。

131ページの写真は花嫁は替え袖模様振袖（上半身に模様はなく、袖も袂にのみ模様のある裾模様の振袖）を着て、大きな松模様がたいそう立派で、三枚襲とすると重ね下着は竹と梅の模様かと推察できます。列席の婦人は模様付けが膝より下の中年配向け黒裾模様五つ紋付に、帯は朱珍の丸帯らしく、帯〆は丸ぐけ紐ではなく三分紐に帯留のように見えるこしらえ。黒裾模様五つ紋付に錦の丸帯、三分紐に帯留の方や梅樹模様のいくぶん若めの黒裾模様五つ紋付に錦の丸帯、丸ぐけ紐の若い方。また、年配の方らしい裾にほんの少しの模様が付いた黒裾（袘《ふき》）模様五つ紋付もあります。お嬢様は替え袖模様振袖五つ紋付に丸帯、帯〆は幅の広い立派な物を使うのが上流階級の装いでした。紋の大きさは現在の寸法（直径約二cm）より大きく（直径約三cm）、威儀を正した第一礼装の品格を感じさせています。衿、袖口、裾からのぞく重ね下着の白いボリュームも礼装の格調を高めていることに気づきます。

この重ね下着は現在簡略化され、衿、袖口、振り、裾部分にのみ白羽二重地でこしらえた「付け比翼」の形で残っています。帯〆は帯の結び方の変化（文庫結びや立て矢結びには不要でもお太鼓結び系には必要）により形を固定する紐として丸ぐけ紐が生まれました。丸ぐけ紐は羽二重などの生地に真綿を詰めた紐で、現在では花嫁衣装や喪服用に見られます。丸ぐけ紐はおもに礼装用ですが普段着には簡単に縫った平ぐけ紐が用いられていたことが写真や絵画（竹久夢二作品など）で確かめられます。

帯留や衿飾りなどのアクセサリーも礼装に用いられてきました。江戸末期、武士の刀装具を転用したことに始まるという帯留も、次第に宝石などを用いるようになりました。前出の『衣服と流行』には「帯留、指輪にトッパーズ（ママ）、珊瑚、メノウなど流行」とあり、

婚礼に見る親族夫人の黒留袖姿

前列中央が花嫁で松模様三枚襲の五つ紋付裾模様振袖を着用。たっぷり出した半衿には豪華な刺繡が施されて見事です。左右に並ぶのは親族と高位の列席者夫人で、左端の振袖の妹以外すべて黒留袖です。裾模様の高さは年代に合わせているのが興味深いところ。新婦の真後ろの新郎を含め男性はすべて洋装。

 『婦人画報』大正2年3月号（ハースト婦人画報社　提供）

ハイカラなアクセサリーの流行が始まったことが知られます。

大正中頃からは上半身にも模様のある（ただし、肩裾模様風で帯の周辺は無地、袖も同様）振袖が登場します。これが次第に訪問着に移行したことが推測できます。現在に続く訪問着の模様付け自体は明治末に登場しますが、次第に流行するのは昭和に入ってからです。また、訪問着の前身の「訪問服」という名前は明治末の『三越』の広告に出たのが初とされていますが、その模様付けは「江戸褄模様」と言われています。

昭和の戦後に一般化した礼装

昭和十（一九三五）年頃は大胆華麗な模様の友禅が多く見られます。ともに洋装も好まれてきたことも分かり、さらには戦争の始まりとともに「とても礼装どころではない」様相を呈してきます。戦後は、繊維の統制が続いたこともあって、礼装はなかなか復活しませんでした。需要がなかったというより、「もう、『着物』は時代遅れな衣服となるだろう。洋服に近い、新しい『キモノ』を作らなければ」（本吉春三郎氏談／筆者直話）という意気込みから、古い礼装をそのまま提供することははばかられたのでしょう。ですが、世間では、戦中でも戦後すぐでも婚礼はあり、装いは華やかとはいきませんが、通常の礼を保った格好でされていたことが、各家に残る記念写真などで確かめられると思います。

『美しいキモノ』に初めて黒留袖が掲載されたのは昭和三十年の第五号。模様のモチーフは菊ですが表現はたいそうモダンで、旧来の黒留袖から脱皮する意識の感じられる一枚です。「江戸褄の留袖」として紹介されており、当時黒裾模様五つ紋付を江戸褄とも呼んでいたことが分かります。現在ではほとんど用いられなくなりましたが「江戸褄」というのは、芸妓の衣装から始まったもので、上前、下前ともに褄下から裾の表裏に模様が描かれた黒紋付をいっています。礼装用袋帯が一般的でなかったためか、帯は銀無地のなごや帯とあります。ちなみに「なごや帯」は大正時代に丸帯（あるいは昼夜帯）の軽装化から、名古屋の女学校の教師が考案したことが知られています。袋帯はなごや帯よりもずっと新しくできた帯で、礼装用の丸帯から考案されたのは戦後です。帯あげは絞りで、丸ぐけ紐を締めています。大正時代の第一礼装・三枚襲五つ紋付と比べると軽やかで別種の趣です。

戦後のベビーブーム世代の成長とともに大きく発展

これが格段に華やかに変わるのは、昭和四十年代になってから。戦後のベビーブーム世代が結婚年齢に達し始めた時からです。昭和三十九年頃の京都室町（呉服商の中心地）の黒留袖扱い高は戦後最高（京都織物卸商業組合十周年記念「室町　その成立と進展」）となり、高度経済成長の波に乗った消費動向はめざましいものでした。昭和三十八年から四十七年までの十年間に室町の問屋筋で扱った「晴着式服（振袖、留袖）」の数字を見ると、昭和三十八年六百六十七万枚、昭和四十一年一千百一万枚、昭和四十四年一千五百五万枚、昭和四十七年一千八百九十二万枚とめざましい伸びを示しています。成人式人口はそのまま結婚年齢人口となり、東京だけでなく各地の結婚式場は大盛況となったのです。東京の有名結婚式場では、昭和四十三年に一カ所で一年間に五千六百組の挙式数を記録していま す。日曜、祝日、大安の日などは、一日におよそ五十組の披露宴があったといいますから大変な数です。当時披露宴では必ずと言っていいほど「仲人夫人」が色直しの花嫁の手を引いて会場に入りました。花嫁の次に目立つ、いわば準主役の立場ですから、仲人夫人の黒留袖は親族の黒留袖よりも立派なことが求められたのです。しかも仲人の役目は本来の縁結びの役目から、勤務先の上司などにお願いする「頼まれ仲人」に変化しました。部下の披露宴では親族以外の出席者がほぼ同じ顔ぶれの場合も多いものですから、仲人夫人はいつも同じ黒留袖とはいかず、買い替え需要も大変多かったのです。もちろん、新郎新婦の母、祖母、伯母、叔母、既婚の姉妹も揃って黒留袖の第一礼装で並びましたから、需要拡大とともに作風も様々に広がりました。古典的な草花風景模様や松竹梅鶴亀といった吉祥模様、宝尽し、鳳凰文や鏡裏文などの正倉院写しの模様など格調高く華麗な模様のものがたくさん作られました。そのほか、ぼかしや刺繡、箔を多用したり、花模様をモダンな作風で表現したものもございました。

21 和服の宝飾品は英国仕込み

たとえが古すぎて笑われるでしょうか、日本神話に出てくるアマテラスとニニギ、スサノヲを思い描いた場合に、髪を結っているのは男神のニニギとスサノヲで女神のアマテラスは長い髪をそのまま垂らしています。だいぶ下って『源氏物語絵巻』を見ても、登場する女性たちは髪を長く伸ばして床を引きずりながら歩いた様子が描かれています。ですが、男性はそんなことはなく、冠をかぶるため、冠の安定に都合のよい髪型に結っています。ですから、日本では女性は長い間髪を結う習慣がなかったらしいことが分かります。もちろん民間では、日々の作業の邪魔になる長い髪は紐で結わえたはずですし、また、上層階級のように引きずるほど長くはしなかったでしょう。ところが、上層階級ではその長い髪にこそ美が宿ると尊び、顔や体型よりも髪の長い女性を「美人」と称えたのです。現在でも、美の基準は世界同一ではなく、地域、民族、宗教、風習などでさまざまに異なっているようです。

さて、江戸時代、女性の髪型は見事なまでに美麗に変化発達します。それとともに髪飾りが欠かせない装飾品となり、髪飾りは女性にとって最大のおしゃれのポイントとなったのです。木彫、蒔絵、べっ甲、螺鈿《らでん》、金銀細工、珊瑚《さんご》や翡翠《ひすい》使いなど、技に磨きをかけて模様に日本情緒を込めました。それは、明治の文明開化まで続きました。

文明開化とともに宝飾品の美に魅せられた女性たち

江戸末期、西洋に扉を開いてから明治時代になると、当時先端を行っていた欧米の文物が怒濤のように押し寄せます。それだけでなく極東の貧国のままでは欧米列強にのみ込まれてしまう、という恐怖もあったでしょう。植民地にだけはなりたくなかった明治政府は、英国を手本と仰ぎ、文物を輸入し、生活を洋風化することに力を入れました。そのひとつが衣服の洋風化です。最上流の正装は現在まで引き継がれて「ローブモンタント」や「ローブデコルテ」などの洋装です。明治三十八(一九〇五)年創刊の『婦人画報』を古い順に見ていくと、衣服やマナーについて英国を手本にしながら、ヨーロッパ各国の王室の情報を見ていたことが分かります。王室情報は、英国王・エドワード七世とアレクサンドラ王妃、ドイツ皇帝一家、スウェーデン王室一家、ルーマニア王室一家など、その生活ぶりが掲載されています。明治の初めにはまだ洋服の仕立てに不慣れだった職人たちも、しだいに手慣れていったでしょうし、また、江戸末期に横浜に最初にできた貿易商館は「ジャーディンマセソン」でしたが、それから数年のうちに百館を超える貿易商館が立ち並んだの

夜会服と振袖の姉妹が好きな宝飾品は

「春装」と題された榊原蕉園の日本画には、レースの付いた夜会服の姉らしき人と、五つ紋付裾模様振袖の衿に沿わせて長い金鎖付きの懐中時計をかけた妹らしき人が描かれています。婦人用の懐中時計はビクトリア朝時代に英国で大流行したもので、日本でも舶来の和装の宝飾品として愛好されました。

『婦人画報』明治44年1月号(ハースト婦人画報社 提供)

ですから、もちろん夜会服を仕立てる職人も彼の地から入ったことでしょう。

さて、貴婦人の装いに取り入れられた宝飾品で目立つのは「金鎖付きの懐中時計」です。日本髪の奥様・お嬢様には少ないのですが、ひさし髪の方の多くが、長い金の鎖を首に掛けています。その鎖の先に付いている懐中時計は帯の中に収められています。洋装の場合は、ワンピースのウエストのあたりに時計を収める小さなポケットが付けてあります。また、従来からの櫛・簪にも「ダイヤモンドやプラチナ、真珠をちりばめるものが流行し」、「指輪にはルビー、サファイヤ、エメラルド、真珠などが流行」した様子がうかがえます。

女学生から始まった襟留の流行

いつの時代も女学生はおしゃれの発信者です。明治時代、女学生はまだ数が少なく、現在よりもずっと特別な存在でしたから、一般社会からはあこがれの的でもあったのです。一時華美に傾きすぎた女学生の服装は、当然のことながら強く指導を受け、つつましやかな装いをするようになりました。そこに分け入ったのが「襟留」という実用的装飾品でした。長襦袢の衿元が開かないように留めるものですが、ブローチやネクタイピンを利用しているため、ひそかに宝飾品のおしゃれな薫りも楽しめたのでしょう。もちろん女学生だけでなく、厳格なる教育者にも愛用されていたことは、跡見学園創立者・跡見花蹊氏の写真からも分かります。

戦後から現在までの宝飾品は

昭和二十八（一九五三）年創刊の『美しいキモノ』の第二集の表紙には、イヤリング、指輪、襟留の三種の宝飾品が用いられています。時代は、きものから洋服へと駆け抜けると考えられていましたから、「きものを洋服のように着こなす」ことが求められました。表紙だけでなく中ページには「新しいキモノのアクセサリー」という特集が組まれて、さまざまな提案がなされています。

きもの姿で用いるジュエリーの多くは指輪と帯留で、結い上げた髪に挿す簪は礼装用に集約されていきました。日本髪に挿す場合と異なり、挿した部分が不安定で髪からすべり落ちる場合もあり、現代のヘアスタイルには不都合なことも理由のひとつでしょう。さらに、ショートヘアできものをお召しの方が増えて、簪を挿す方は減っていきました。ですが、帯留や指輪への関心は高く、掲載の度に寄せられる問い合わせに応える形で、着用写真とは別に拡大写真を添えている時期もありました。

次に注目されたのは装飾性の高いメガネでした。ショートヘアの方が増えるにつれ、簪を使わない髪型の寂しさを補うため、華やかさのある装飾品の一種としてメガネが取り入れられたのです。実用一辺倒でなくジュエリーをちらしたり、フレームのデザインに工夫をしたものなど、おしゃれと実用を兼ねた品々が人気となりました。

クラシカルな髪飾りは本物のべっ甲や真珠貝でなくとも、若い女性のアップスタイルに素敵な華やかさを添えます。現在では世界的なハイブランドの豪華なジュエリーなども和洋を問わずに用いて、優美な時間を楽しむようになってきました。

若い方が成人式の振袖姿などで見かけるイヤリングも現代の和服の宝飾品に入るかもしれません。小さな真珠やダイヤモンド、小粒でも真っ赤なルビーが耳たぶに映えて、初々しさを引き立たせます。宝飾品に入らないかもしれませんが縮緬細工の髪飾りやシルク生地でこしらえたフワフワの花飾りなども、若い時に使いそびれるとその後出番のない飾り物ですから、遠慮せずに使っておきましょう。

22 和装のドレスコード

昭和三十（一九五五）年に出版された『明治文化史』（開国百年記念文化事業会編）のなかには江戸末期開国以来、日本の衣生活がどのように変化したかを記した「衣服と生活」の巻があります。そこに、それまで裃《かみしも》は大名以下の武士の平常における公用服・礼服であったことと、文久二（一八六二）年八月には長裃・裃廃止という改革が行われ、「以来平服には羽織小袴・襠高袴等可致と規定された……」とあり、ここに「平服」の文字が出てきます。身分制のあった時代は身分により服装が細かく決められていて、それが秩序を保つ大きな要素となっていたのです。ところが、明治になると武士という身分がなくなったことから、武士の格式を表す儀礼の服装はなくなりました。代わりに登場したのが職業による新しい「服制」でした。まず軍人、次に警察官、国鉄職員、郵便集配人に制服が採用されたため全国に制服が普及し、職業を示すとともに身分証明書的な役割も持ちました。一般の人が制服を着ることになったのは、学校が制服を定めたことによります。

ずいぶん以前のことなのですが、同期入社で別の編集部に配属された新人男性の話です。

先輩から大手服飾メーカーのパーティに「お前も来るか？」と誘われたときのこと。招待状にはドレスコードが記され、「平服」とあったそうです。彼は何の気なしに普段の格好で出向き、会場に着いてびっくりしたというのです。集まっている方のほとんどがスーツ姿かファッショナブルでおしゃれな姿だったからです。後日「変だな〜、平服って書いてあったのに。平服って普段着じゃないの？」と言う彼の言葉を聞いて、筆者は「これは大変だ、きものの場合に恥をかいてしまう読者もいるかもしれない」と思い、「和装の平服」はどのような装いかを識者にお聞きすることに。当時厳格なことで有名なきもの研究家のもとへ向かいました。ひとことめに「平服とは普段着のことではありません」と言われ、次に「平服に相対しているのは式服です。式服とは紋付のことですから、平服は紋付でなくてよろしいという意味です」と教えてくださいました。具体的には何がふさわしいかというと、ふさわしいかと「色無地一つ紋付」ということでした。平服とは紋付でなくてよろしいというとであるが、着ていくのは一つ紋付がふさわしいというわけです。きょとんとしていると、「文字通りに解釈してはいけません。字面の奥を読むのです。平服と書いてあっても一つ紋付を着るのが礼儀です」とおごそかにおっしゃり、このときの「平服問題」はひとまず解決したのでした。

昭和四十五年頃は色無地ブームで、入学式に付き添うお母様方は多く色無地に黒羽織を着用したものです（27ページ）。東京国立博物館名誉館員・北村哲郎氏の『日本服飾小辞典』

結婚式での装いの目安［立場別］

新郎新婦との関係＼きものの種類	黒留袖	色留袖	訪問着	色無地・江戸小紋	振袖
母・祖母	○				
伯母・叔母	○				
既婚の姉妹・いとこ	○				
未婚の姉妹・いとこ			○		○
恩師・上司		○	○	○	
既婚の友人・同僚			○	○	
未婚の友人・同僚			○		○
一般客			○	○	

＊上は一般的な式場やホテルの場合の目安
＊カジュアルウェディングの場合はやや軽装に

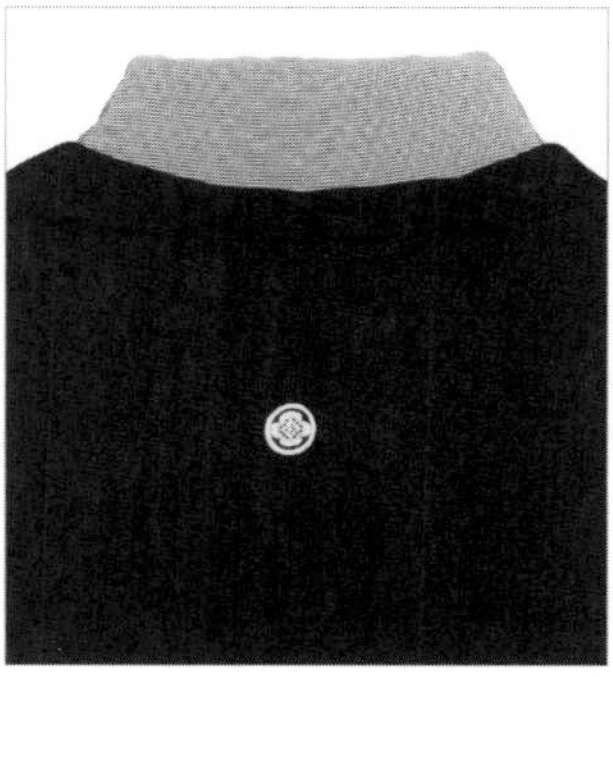

TPO別の和装ドレスコード例

和装では装いの格を決める第一は紋の数です。最高は五つ紋で次が三つ紋、そして一つ紋、無紋の順に軽装となります。通常五つ紋を付けて着るのは黒留袖と喪服の二種で、最高の格式を表す装いです。三つ紋は色留袖、一つ紋は色無地や黒羽織（左写真）に付けて礼装とします。

によれば、色無地のブームは「竹下和宏氏（寿光織・竹下利の元会長）が無地染めのきものの利点を説き、ワードローブに必ず上質な無地のきものを一枚持つことを勧めた」ところから始まった旨が記されています。ちょうど戦後のベビーブーム世代が結婚する時期でしたから、嫁入り支度に入れる「お支度需要」で色無地は急速に普及しました。「何かのときには色無地一つ紋付を着ていれば安心」と認識され、定着したのです。これがいわば「平服」ということになるでしょう。

ドレスコードが守られている民間の儀礼・儀式

では、民間で最もドレスコードが守られている儀礼・儀式は何かといいますと、それは「結婚式」と「お葬式」です。どちらも最高の格式を持つきもの「黒地五つ紋付裾模様（黒留袖）」と「黒地五つ紋付無地（喪服）」を着用する場面です。きものは格を大切にする衣服ですが、格は何で決まるかというと紋の数で決まります。多くのきもののなかで、必ず五つ紋を入れて着るのは黒留袖と喪服のみです。それはこのきものを着る儀式が最も重要な儀式だと日本人が考えてきたことを証明しています。これが洋装のドレスコードの「ホワイト・タイ」あるいは「ブラック・タイ」に相当するものでしょう。それ以外は属している集団、地域や職場などのしきたりや風習にならって儀式の装いとしているようです。

平成の初め、ドレスコードが「きもの姿」という大規模なパーティが『美しいキモノ』

主催で開かれていました。お好きなきものでお出ましください、ということなのですが、ほとんどの出席者は「訪問着」でお越しになりました。しかもおよそ千二百名の来場者の誰ひとりとして同じきものがなかったことは、関係者一同を驚かせました。

現在は「平服」とあっても訪問着が主流です

現在の東京での入学式の装いは、公立私立とも訪問着のお母様が多いようです。色無地は控えめで上品な着姿になる優れたアイテムですが、パーティなどの祝賀会では、会場のきもの姿のお手伝いの方と区別がつきにくいため少し戸惑う方もあり、しだいにお客様は訪問着を着るようになってきたようです。各種式典・祝賀会で、招待状に「平服」と記されている場合でも圧倒的に訪問着が着用されています。訪問着は生地の種類も豊富で模様も多種多様、色彩は華やかにもシックにも製作可能で、好みのものを選ぶことができる幅広さが支持されています。さらに、着用年代や未婚・既婚による制約がなく、一枚持っているとさまざまなシーンに活用できることが理解され、「ほぼ万能の社交服として頼れるきもの」となっています。

23 丹後縮緬の不思議ミステリー

「丹後縮緬」で知られる丹後は京都府の北部、若狭湾を右手に日本海に延びる丹後半島一帯をさします。京都府ではありますが中心地からは少し遠く、小さな旅気分が味わえる織物の里。JR京都駅から山陰線に乗り日本海へ向かって京丹後市へ。その一帯が「丹後ちりめん」の産地です。旧与謝郡、旧中郡、旧竹野郡が中心地。この地方は「弁当忘れても傘忘れるな」と言うくらい雨が降りやすく、その湿潤な気候は縮緬の生産に好適でした。ゆかしい言い伝えや明媚な風景も多く、「天橋立」は日本三景のひとつで大変有名、網野は静御前の出生地、由良の湊《みなと》は「安寿と厨子王」の昔話で山椒太夫がいたところ。浦島伝説や大江山の酒呑童子《しゅてんどうじ》の話など、豊かな伝説に彩られています。

千数百年の歴史から生まれた「丹後縮緬」のルーツ

古く奈良時代に貢ぎ物や税として各地から朝廷に納めた布類が知られていますが、丹後からは天平十一（七三九）年、「丹後国竹野郡鳥取郷（現在の京丹後市弥栄町鳥取）」より「六

縮緬の地風を作るために欠かせない精練工程

織り上がったばかりの縮緬の生機《きばた》はゴワゴワとして紙のように硬い地風の布です。精練工程を経ると縮緬らしいしなやかで艶のある地風に生まれ変わります。精練工程なくして縮緬の絹の感触は得られない重要な工程です。丹後は日本一の染織産地で日本一の精練産地でもあります。

 『美しいキモノ』平成26年冬号（久保田康夫 撮影、ハースト婦人画報社 提供）

丈一疋」が調貢されたという記録とともに正倉院に現物が残されています。丹後産と分かる最古の現存資料。ですが、「縮緬」が織られるのはそれよりおよそ千年後。京都・西陣で「門外不出」で織られていた「縮緬の製法」が丹後に伝えられたそのルーツについての物語を紹介します。「江戸時代享保年間に丹後峰山城下で絹織業を営んでいた絹屋左平治（家督を子に譲ったのちに森田治良兵衛に改名）は、当時衰微していた丹後産地の窮乏を見かね、活路を見いだすため織物の先進地・西陣の織屋に奉公に出ます。日頃信仰する観世音菩薩のお告げに導かれてのことでした。そして西陣で絶対の秘密とされていた撚糸の技術を命がけで盗み見て習得し、製法を丹後にもたらした」というものです。この撚糸のされていた部屋は土蔵造りの密室で、「左平治は暗闇の中を密かに忍び込んで、手探りで糸を撚る仕掛けを確かめると、飛ぶように丹後に戻った」という、スリルに満ちた逸話。これを先述の北村哲郎氏は「今様に言えば産業スパイの一大サスペンス」と評しています（『日本の織物』）。同じ頃、加悦《かや》後野《うしろの》の木綿屋六右衛門という人は、加悦の手米屋小右衛門、三河内の山本屋左兵衛の二人に援助を惜しまず西陣に学ばせました。二人は郷里に戻って「独特のシボ」のある縮緬を織り出し、製法を広く伝授したとも伝えられています。享保十五（一七三〇）年、丹後峰山藩主・京極高長はこの功績を称え、「御召　縮緬　ちりめんや」と自筆の暖簾《のれん》を〝ちりめんや治良兵衛〟に与えたことが知られています（暖簾は昭和二（一九二七）年の丹後震災で喪失）。産地ではこの四名を「丹後縮緬」の始祖として尊び、今にその名を伝えています。同年、京都では大火があり、西陣の織機の半数が焼ける大打撃を被ったのですが、それは思いもよらず、丹後に縮緬の注文が殺到する結果となり、丹後は活況に沸きましたが、その後、富裕な町人の目に余る贅沢に業を煮やした幕府は度重なる奢侈《しゃし》禁止令を出すのです。しかも京都の絹問屋の一部に「縮緬の売買禁止」の措置を執ったため、丹後は致命的な打撃を被りました。また、当時丹後では織り上げたままの生機《きばた》で出荷し、京都で精練していたため、練り上がってからでないと分からない「織《おり》難《なん》」を見つけられずに苦悶していました。精練は京都の一大産業だったのです。そこで、産地で精練（国練り）して、製品に責任を持つ態勢を試行します。明治十年代のことでした。本格的に精練を始めるのは大正時代。第一次世界大戦で戦勝国側であった日本は日清・日露戦争勝利以上の好景気に恵まれたのです。高級衣料の需要は拡大し、産地には力織機が普及しました。大正二（一九一三）年の調査では織機総台数四千百二十三台のうち、力織機は八十六台で全体のわずか二%。九八%は手機か足踏み機でした。それが十年も経たずに逆転します。そして「丹後生産の縮緬はすべて丹後で精練する、いわゆる〝国練り〟を実施する」「仕上がり製品の品質検査を厳重に行う〝検査制〟を導入し信用を高める」ことになりました。これは現在の厳重なる産地検査態勢につながります。

縫い取り縮緬の開発が呼び寄せた黄金時代

大正十四年、「丹後縮緬」にとって画期的な新製品の開発がありました。精練に耐える金糸・銀糸を用いて地模様を織り上げる「縫い取り縮緬」を与謝郡の加藤忠治が創始しました。精練に耐える金糸・銀糸は京都の山口善三郎の考案になる糸でした。ちょうど縮緬が広い階層に普及し始めた時期でもあり、縫い取り縮緬は瞬く間に全国で愛好されました。

昭和九年の調査では、機業戸数一千四百三十四、織機台数一万二千百四十、生産は九十六万六千貫（一貫は三・七五kg）と上がり、丹後機業始まって以来の生産数を記録。第一次黄金時代の始まりでしたが、この幸せも長くは続かず昭和十二年の日支事変を契機に太平洋戦争への道に入り、昭和十五年のいわゆる「七七禁令」により需要は急減。ですが丹後は一部を除いて戦災の被害は少なく、戦後の復興は順調でした。昭和三十三年からのいわゆる「ミッチーブーム」は、皇太子妃美智子様の装いやヘアスタイル、アクセサリーを真似するものでしたが、妃殿下のきもの姿にも注目が集まり、きものは一大ブームを呼び起こしました。昭和三十四年の白生地生産反数は二百四十万反、昭和三十八年は四百三十八万八千反、昭和三十九年は五百三十二万七千反、昭和四十年は六百二十二万八千反と上昇しました。

その後、昭和四十八年のオイルショックまで高度経済成長は続き、丹後産地は昭和四十五年に生産高一千億円を超え、昭和四十八年には一千九百二十三億八千六百万円を記録しました。このおよそ十五年間が丹後にとってのいわば「ガチャマン景気」で、「お医者様以外はどこの家でも機織りをしている」ほど、普通の家庭でも織機を一台置き、割の良い主婦の内職として朝から晩まで織っていたそうです。その機の音は、打ち出の小槌を振るたびにこぼれる金貨の音に聞こえたことでしょう。機の音といっても丹後の機は自動化されていますから、そばでは話し声はまず聞こえないほどの「ガシャン、ガシャン、ガシャン、ガシャン」という重い機械の金属音です。この第二期黄金時代は丹後の里を潤《うるお》し、人々の暮らしを豊かにしました。

精練工場の中心・中央加工場では日産一万反を

織り上がったばかりの縮緬はゴワゴワとしていて、私たちが手で覚えている「縮緬の風合い」とはまったく異なります。縮緬は「精練」の工程で特殊な石けん液で静かに長時間なんべんも煮て、ゴワゴワのもとの「生糸の膠《にかわ》質・セリシン」を用途に合わせて落とします。その後きれいに水洗いして、注文内容に合わせたシボで幅出しをし、「縮緬の地風」になった生地を出荷しているのです。現在の京丹後市大宮町にある中央加工場では、最盛期一日一万反を精練していたそうです。ほかにも七工場（網野に二工場、峰山、加悦に二工場、岩滝、口大野）が稼動し、合計年産がもうじき一千万反というほど生産したと言いますからその忙しさがしのばれます。

縮緬あったればこその日本の「きもの美」

現在の日本にもし縮緬がなかったらと考えるとき、きものに表現される美術的、工芸的価値が大きくそがれることに気づきます。室町時代末頃、当時の貿易港・泉州堺にもたらされ、その後、豊臣秀吉の保護のもと西陣で織られる縮緬ですが、丹後で織り始めてから格段に普及し、種類も増え、現在では和装白生地の主役は縮緬です。友禅にも素描きにも型染にも適し、上品な光沢としなやかな地風はきもの愛好家を魅了し、なくてはならない生地となっています。

また、丹後はわが国最大の絹織物産地で、西陣の生産基地として帯の生産が大変多く、御召、半衿、風呂敷、ショールなどや、服地もたくさん織られています。染め下生地に用いる白生地の生産だけではなく、無地染を施した製品や丹後の染織家による友禅染、地域特性を生かした個性的な織物も生産され、丹後では「最高級の織りと染めの総合産地」として、未来を見据えた取り組みがされています。

24 養蚕と生糸、製糸工女の青春

はるかその昔、紀元前三〇〇〇年頃、現在の中国で始められた養蚕は、細心の注意を払う高度な技術で卵から孵化した毛蚕《けご》（稚蚕《ちさん》）を大きく育てて繭《まゆ》を作らせ、当時画期的な方法であったはずの繰糸技法で糸を取り、絹を得ることに成功したのです。伝説的な中国の黄帝の皇后・ルイソは蚕が糸を吐いて繭を作るのをじっと見ていて、繰糸の方法を思いついたといわれています（『シルクロード』リュセット・ブルノア著　長澤和俊・伊藤健司訳　河出書房新社）。蚕は王宮で后妃と女官たちが密やかに飼い、生糸を取って絹の織物を作り、宮中でのみ用いていたようです。それがたちまち対外交易で金に匹敵する非常な価値を持つようになりました。養蚕・製糸の技法は極秘で、卵や繭を持ち出すことは死罪をもって禁じられていました（前掲書）。

さて日本では三世紀「卑弥呼の時代」に養蚕がなされていたと『魏志倭人伝』が伝えます。筆者が初めて文字で見たのは、『日本古典文学大系』（岩波書店）中の『古事記祝詞』の仁徳天皇のお話のところでした。仁徳天皇は素敵な方だったらしく「モテモテ」に描かれています。あるとき、皇后・磐之媛《いわのひめ》は立腹し里に帰ります。実家は奈良の豪族・葛城族《かつらぎ》。父は葛城襲津彦《そつびこ》といって、海外の文字資料で実在が強く推定される最初の日本の民間人。実家への途中「奴理能美《ぬりのみ》」という渡来人の家に立ち寄ります。奴理能美が「奇しき虫」を飼っているというのです。このときに「奴理能美、大后《おおきさき》に奇しき虫を奉りき」とあり、この虫が蚕とされています。その後、磐之媛は宮中で蚕を飼ったことでしょう。史書の『日本書紀』には孫の雄略天皇紀に養蚕を導入したことがあります。

江戸から明治の養蚕・製糸

意外なことですが江戸時代、日本は巨大な絹の輸入国でした。日本人は絹が好きなあまり、身の程を顧みないほど絹を着続けました。現在のような金融システムはありませんから、支払いは金貨、銀貨の現物です。絹は輸入の最大品目でした。最多だったのは万治二(一六五九)年でおよそ二十七万七千百二十二kg(二百七十七トン)。ほとんどは西陣で様々な高級織物に利用されました(『絹と木綿の江戸時代』山脇悌二郎著　吉川弘文館)。そのため、国内の銀貨の四分の三、金貨の四分の一が流出したと言われています。困った幕府は様々な政策を打ち出します。ひとつは「各藩への養蚕勧奨」です。ここから各藩で養蚕・製糸が盛んに行われるようになります。

そして幕末、ペリーが浦賀にやって来るのです。いわゆる鎖国を続けていた日本には当

製糸業最盛期に糸作りに励む工女さんと夜学の様子

長野県岡谷は諏訪湖を挟んで対岸の諏訪とともに製糸業の大変盛んだったところで、日本一の製糸会社・片倉製糸発祥の地で、製糸業の聖地でした。上写真は「諏訪式繰糸機」で糸を取る工女さんのまぶしい姿です。写真撮影ということで普段より丁寧に髪を結いお化粧もした様子が分かります。左下は裁縫、右下はソロバンの授業風景。

 岡谷蚕糸博物館 提供

時産業と呼べるものは見当たらず、かろうじて「生糸」が輸出の望みを託せる製品でした。その頃、ヨーロッパでは蚕のペストと呼ばれた蚕病の微粒子病が蔓延して生糸が不足。日本の生糸が求められたのです。国内の生糸は各藩各地で作っていたため、幕末にはまだ「日本国」としての統一基準がないという現状でした。

明治政府はとにかく欧米列強の植民地にだけはなるまいと「富国強兵政策」を取ります。富国のための殖産興業の柱と恃《たの》んだのが「生糸輸出」だったのです。海外の貿易商が満足する「上質で均一な生糸」を急ぎ作らなければなりません。そこで、「富岡製糸場」が官営模範工場として建設されました。当時の「絹の先進国」フランスから優れた技師を高額の給金で招聘して教えを請い、輸出に適する生糸を作るようになります。幕末にほんのわずかな生糸から始まった輸出は日本人の勤勉で誠実、まじめな国民性も手伝って世界に誇る上質な生糸を作り上げ、ついに明治四十二（一九〇九）年、日本は清国を抜き、世界一の生糸輸出国になったのです。昭和四（一九二九）年、史上最高の五十八万俵（一俵は六十kg）を輸出。幕末以来昭和の戦前までのおよそ七十五年間、生糸は全輸出品目の中で常に第一位、輸出の花形でした。当時の生糸産業にあった人々は現在でいえばＩＴ産業の従業員のようなものでしょう。最先端の稼ぎ頭の業界にいる人たちだったのです。全国では、明治後半から昭和の戦前まで常に二十万人から四十万人ほどの雇用を提供した大きな産業でした（『日本の蚕糸のものがたり』高木賢著　大成出版社）。ところが、昭和十四年、アメリカのデュポン社がナイロンの工業化に成功したことなどから、ナイロンストッキングが普及し、絹需要は激減しました。日本の生糸はアメリカで絹のストッキングになっていたのです。

岡谷に見る最盛期の製糸業

長野県の岡谷は諏訪湖と山に囲まれ、耕地の少ないところです。江戸期から養蚕・製糸の下地はありましたが、片倉兼太郎が創業した「片倉製糸」のお膝元の地の利から、製糸業の聖地へと発展します。生糸生産量を見ると、明治十年に三十工場で七トンだったものが明治四十年には五十一工場で五百二トン、最盛期の昭和五年は二百十四工場で三千八百四トンの生産高となっています。このときの従業員総数は三万八千二百二十七名で女子は三万三千二百三名です（『ふるさとの歴史 製糸業』岡谷市教育委員会）。

この頃の工女さんの仕事と暮らしが分かる資料があります。何万人もの似たような年格好の若い女性が寄宿舎生活をしながら、一心不乱に生糸をとり、夕食後は工場内の夜学女学校で将来の主婦・母親となったとき困らないために裁縫や国語を必修で学び、お花や手芸は随意で学びました。休日には口紅やおしろいを付けて町に出掛け、買い物や映画鑑賞をしていたらしい姿が見えます。それは、精一杯働き、給料はほとんど親元に仕送りをするけなげな少女の青春のひとこまでしょう。

現在の養蚕と製糸

現在でも日本は世界一の蚕の原種保有国。貴重な原種は毎年飼い続けて種の保存をしています。また、ささやかな数になったとはいえ養蚕農家は優れた繭を収穫し、製糸会社は高度な技術で良質の生糸を生産しています。新たに養蚕を始める方もあり、新品種の開発や医療分野などでの活用など、新たな需要が芽生えています。

25 きものの価値のありか

仮に今ここに薄手のジョーゼットがあったとして、その生地を見てでき上がりを言い当てられる方はいないでしょう。ふわふわの襟のブラウスになるかもしれませんし、襟も袖もないワンピースか、あるいは夏のパンツスーツになるかもしれません。洋服にとって生地はデザインしだいで何にでもなれる可能性はありますが、いわば単なる素材です。

では、きものにとって生地は何かといいますと、例えば染めの反物を広げるとそこには色や地紋や模様が出てきます。地紋と色だけでしたら色無地のきものになりますし、繰り返し同じ模様が染まっていたら小紋になります。黒地に華やかな模様があり、ところどころに染め残しなのかとも思われる白く小さな円があったら、それは必ず黒留袖になります。きものにとって生地は単なる素材ではなく将来何になるかが決まっている素材です。しかも生地の時点で美術的、工芸的価値がたいへん高い。この美術的、工芸的価値の高さは私たちが日常とりたてて意識せずにいるのですが、各地で開かれる染織展、工芸作品展などでは多くの来場者が「いいわね〜、素敵ね、熟練の技ね」などと言いながらご覧になっています。それは展示品が放つ美術的、工芸的価値に感動して発せられた声と思います。

また、その展示会を見た帰りに「ちょっとお茶しない？」などと言って、きもの姿のお友達と喫茶店に入り、水が出た時点では何にも感じませんがコーヒーとケーキが出てきたときに「あ、きもの汚しちゃいけないわ」と必ず思うはず。それはご自身のきものに価値があることをひそかに感じているからです。もし合織のブラウスを着ていたらそんなことは思わないでしょう。そして、帰宅後、きものを干して家事を片付け、ほっと一息つくときにそのきものを見ながらお茶が飲めます。さっき自分が脱いだものなのに。なぜそれができるのかと言いますと、「きものには鑑賞にたえる芸術性」があるからです。これが洋服だとどうでしょうか？　帰宅後ハンガーに掛けたジャケットを見ながらお茶を飲む、という方は珍しいと思います。たとえ「さっきまであのタレントさんが着てたのよ」と言われても、その方がお召しになっているときでしたらうっとり眺めますが、ハンガーに掛けた洋服は鑑賞の対象にはなりにくいでしょう。

二十世紀を代表するデザイナーの語る洋服の本質

もう四十年近く前ですが、日本の有名な女優さんがパリでオートクチュールのドレスを作るときにデザイナーが語ったひと言がいっとき女性週刊誌の話題となりました。記憶をたどるとそれは、「私のデザインを着たい方はそのデザインを着られる体形になってほし

きものの芸術性を物語る手描き友禅作品

「松竹梅」と題された手描き友禅の中振袖です。カラーでお見せできないのが残念ですが、迫力ある豊かな絵画性が見る側を圧倒します。題材の松竹梅は衣装だけでなく美術品や調度品に好まれてきた日本の代表的吉祥文様。作者の安達直次氏は東京友禅界を代表した染色作家のひとり。

 『美しいキモノ』昭和39年冬号(ハースト婦人画報社 提供)

い」というものでした。このリクエストにこたえられる方はわずかでしょう。筆者は生涯かなえられません。全身足りないところだらけですが圧倒的に背が足りませんし、その前に懐が間に合いませんのでいかんともしがたいのです。ですが、このひと言は洋服の本質を語る貴重な言葉です。初めに言いましたように「洋服にとって生地はいわば単なる素材」です。優れたデザイナーが優れたデザインを起こし、生地を切って縫い合わせ、形にします。それを表現するには必ず肉体が必要なのです。「洋服は肉体がなければ完成しない衣服」ということを言っていると気づいたときに、筆者はこのデザイナーをさらに尊敬しました。

きものはどんな体形の方も素敵に包む優れた衣服

では、きものの場合はどうでしょうか？　きものにとって体形は全く関係ありません。太っていようが痩せていようが、大きくても小さくてもどんな体形の方をも素敵に包んでくれる優れた衣服です。洋服にたくさんの特徴があるようにきものにもたくさんの特徴があるのですが、そのなかのたった二つの特徴が「どんな体形の方をも素敵に包む」ということを可能にしています。ひとつは「生地の時点ですでに美術的、工芸的価値が高い（どんな体形の方とも出合う前から）」。きものの生地には手仕事の技が込められています。ですからどのような方の手にわたっても価値を減ずることはありません。二つ目は「巻きつけて紐で結ぶ」という着装法であるため融通が利くから。さらに縫い目をほどくと、魔法のように元の一枚の生地に戻ってくれることから、仕立て直しやリフォームが容易です。それは無理なく子や孫などの身内、知人などに譲ることを可能にしています。

きものが誇る特徴のひとつに「染め替えとリフォーム」があります。さんざん愛用してきものと自分の年代が合わなくなったり、着飽きてしまったきものの地色を変えたり、柄を足すなどして新品のようによみがえらせる染め替え。きものをコートや帯に仕立て直す、子どものきものに作り直す、傷みが出たり汚れが目立つ二枚のきものの良いところを取って一枚のきものにしたり、帯やショールなどにしたのち、端切れは手芸に用いるなど最後まで余すところなく活用できます。

受け継いで装う貴重なファミリーヒストリー

各地の旧家では婚礼衣装が代々受け継がれています。それは嫁ぐ娘や孫にそそぐ格別な愛情が衣装に込められることと、通常のきものとは異なり、婚礼衣装には最高の素材と技術を用いることから、時代の最高水準を語る貴重な一枚となるからでしょう。

また、京都・法輪寺から始まった少女の厄除け「十三参り」では、新調のきものの方だけでなく数十年、あるいは百年近く前のお身内の振袖を着たお嬢様が多数お参りに訪れます。大切な子や孫に受け継がれた衣服を通して、生涯の幸せを見守りたい家族の愛の姿をそこに見ることができるのです。

おわりに

昭和四十八年婦人画報社（現ハースト婦人画報社）に入社した頃、先輩の編集者・佐藤美代子さん（故人）は大荷物を肩にかけ、両手に持ってロケから帰社するやいなや撮影済みのきものや帯、小物を点検しながらさっとたたみなおして棚に納めたかと思うと翌日撮影分のきものを広げ、テーマに合わせたコーディネイトを済ませるのでした。すぐにダイヤル式黒電話の受話器を取り、政財界の要人や文化人男性の家庭でのきもの姿を紹介する人気連載「私ときもの」の取材依頼をしていました。おたおたと毎日を過ごす新人の私にとって、手際のよい仕事ぶりと好評連載を何本も手掛ける先輩の自信に満ちた姿は憧れの対象でした。なかでも印象に残るのは、入社三年前掲載の三島由紀夫さん取材時のエピソードです（59ページ）。三島邸での撮影時、白い下帯姿の三島さんにきものと袴を着付けた当時二十代の佐藤先輩の胸の鼓動が聞こえてくるような話でした。自決のおよそ半年前の出来事だったそうです。

昭和三十九年の東京オリンピックでコンパニオンのお嬢様がいっせいに着た「白い振袖」はどうして生まれ、その後どのように一般女性に流行したかの軌跡も興味深いものでした（16ページ）。

大正七年の永井荷風『腕くらべ』（岩波文庫）のなかに歌舞伎役者・瀬川一糸の身なりの描写で「江戸小紋二枚重ね〜」とあり、「橘町《だいひこ》あたりの好み」とあることを教えてくれたのは、日本橋人形町で「岡巳《おかみ》」という呉服問屋を営んでいた田辺勇三さんでした。江戸小紋の名称が民間で使われていた時期を示唆する貴重な情報でした（52ページ）。ちなみに「大彦《だいひこ》」は江戸から続く名門呉服商で日本橋橘町に盛業を誇りました。

大島紬の締め機絣製造法は世界に類を見ない精巧細緻な絣を生み出しましたが、その誕生秘話は産地の発展を願う情熱あふれるものでした（60ページ）。

谷崎潤一郎夫人・松子さんに伺ったご自身の嫁入り支度のお話は、大正時代の関西の富裕な家の花嫁御寮がどのくらい立派なお仕度だったかを知る手掛かりとなるでしょう（126ページ）。

丹後縮緬は最盛期一日二万反を仕上げた、現在日本一の染織産地となった京都府丹後地方の織物ですが、縮緬製造のカギとなる撚糸と精練にかかわる産業スパイもどき（北村哲郎著『日本の織物』）の真に迫った内容に心が躍りました（146ページ）。

どのテーマも皆、諸先生、諸先輩に教えていただいたことを思い出しながら記しました。小さな仕事が一冊にまとめられたことは有難いことでございます。

『美しいキモノ』連載中には西原史編集長（現『婦人画報』編集長）はじめ編集部の皆様にお世話になりましたし、単行本にする際には文藝春秋の田代安見子さんが適切なアドバイスを下さいました。講談社出版文化賞受賞の著名なグラフィックデザイナーの岡孝治先生に装丁していただき、そしてなにより、司葉子様と清水とき先生から帯にお言葉をいただけたことは望外の喜びでした。感謝の気持ちでいっぱいです。

また、この出版をどんなにか喜んでくれたであろう、早々と旅立ってしまった最愛の主人・健一に最初の一冊をささげます。

令和三年九月吉日

富澤輝実子

本書は『美しいキモノ』（ハースト婦人画報社）
二〇一四年春号～二〇二〇年秋号の
連載「あのときの流行と『美しいキモノ』」に
加筆・再構成したものです。

転載した画像の一部に著作権者が
不明なものがあります。
連絡先や情報をお持ちの方は編集部まで
ご一報くださいますようお願い申し上げます。

富澤輝実子（とみざわきみこ）
新潟県生まれ。
婦人画報社（現ハースト婦人画報社）に入社後、
『美しいキモノ』編集部に配属。
以来、きもの畑を歩き、副編集長を経て独立、
染織と絹文化研究の道に入る。
二〇一二年から二〇一七年、在外公館の招聘により
バルト三国、ベラルーシ、ロシアにて日本文化紹介を行う。
京都芸術大学非常勤講師、日本シルク学会会員。

あのときの流行《りゅうこう》と「美《うつく》しいキモノ」

二〇二一年十月十二日　初版第一刷発行
二〇二三年七月　五日　初版第二刷発行

著　者　富澤《とみざわ》輝実子《きみこ》

発　行　文藝春秋企画出版部
発　売　株式会社 文藝春秋
〒102-8008 東京都千代田区紀尾井町三―二三
電話　〇三―三二八八―六九三五（直通）

印刷・製本　図書印刷株式会社

ISBN 978-4-16-009007-1